iT 교재의 진수
NEW
MyLove
series

한글 Hangul
2020

이승하 지음

KB133684

(주)교학사

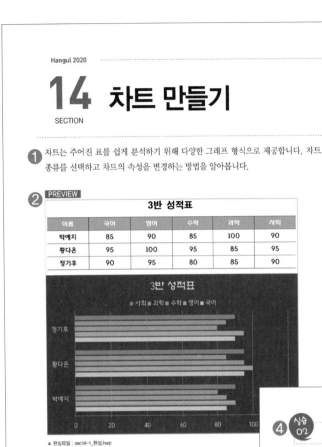

① 섹션 설명 : 섹션에서 다룰 내용에 대한 전체적인 개념을 설명합니다. 본문에 대한 이해도를 높이기 위한 코너이므로 꼭 읽어주세요.

② 완성파일 미리보기 : 섹션에서 만들어볼 결과를 '핵심 기능'과 함께 미리 보여주어 전체적인 흐름을 잡을 수 있습니다.

③ 체크포인트 : 섹션에서 배울 내용을 한눈에 들어올 수 있도록 간단 명료하게 정돈해 놓았습니다.

④ 실습 : 하나의 섹션에는 하나 이상의 따라하기식 실습 과제가 나타납니다. 실제로 만들어가는 과정을 하나하나 따라해 가다 보면 쉽게 기능을 이해할 수 있을 것입니다.

⑤ Tip : 실습을 따라하면서 꼭 기억해 두어야할 핵심 사항이나 주의해야 할 부분, 즉 학생들의 집중적인 질문을 받았던 내용들을 수록하여 이해도를 높이도록 해 줍니다.

차트의 종류 및 디자인 변경하기

· 차트 종류 변경하기 ·

01 ❶차트를 클릭하여 선택한 후 ❷[차트 디자인] 탭의 ❸[차트 종류 변경]을 클릭합니다. 차트 종류의 목록이 나타나면 ❹[가로 막대형]-[묶은 가로 막대형]을 클릭합니다.

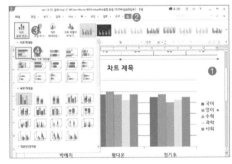

· 차트 구성 변경하기 ·

01 차트를 클릭하여 선택된 상태에서 [차트 디자인] 탭의 ❶차트 구성 추가를 클릭합니다. 차트 구성의 목록이 나타나면 ❷[범례]-❸[위쪽]을 클릭합니다.

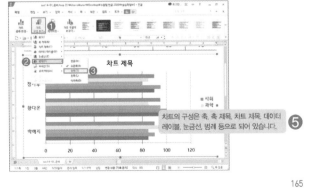

차트의 구성은 축, 축 제목, 차트 제목, 데이터 레이블, 눈금선, 범례 등으로 되어 있습니다. **⑤**

09 저장이 완료되면 한글 2020 문서의 제목 표시줄에 입력한 파일 이름이 나타납니다.

⑥ **알아두기**　[개체 속성] 대화상자의 [위치] 탭 항목 알아보기

● 본문과의 배치
• 어울림(▣) : 개체와 본문이 같은 줄을 나누어서 쓰며, 서로 침범하지 않고 본문이 개체에 자연스럽게 흐르듯 어울리게 배치합니다.
• 자리차지(▣) : 개체가 개체의 높이만큼 줄을 차지하고 있기 때문에 개체가 차지하고 있는 영역에는 본문이 배치되지 못합니다.
• 글 앞으로(▣) : 개체가 없는 것처럼 본문이 채워지고, 개체는 본문이 덮이도록 본문 위에 배치합니다.
• 글 뒤로(▣) : 개체가 없는 것처럼 본문이 채워지고, 개체는 본문의 배경처럼 ...

● 본문 위치
본문과의 배치를 '어울림'으로 지정했을 때 본문이 개체의 어느 쪽에 흐르도록 할...

106

⑥ 알아두기 : 실습에서 다루지는 않았지만 알아두면 큰 도움이 될 내용이나 좀더 고급적인 기능들을 담았습니다.

⑦ 문제 풀어보기 : 하나의 섹션을 끝낸 후 스스로 풀어볼 수 있는 문제를 담아 배운 기능을 복습할 수 있도록 하였습니다.

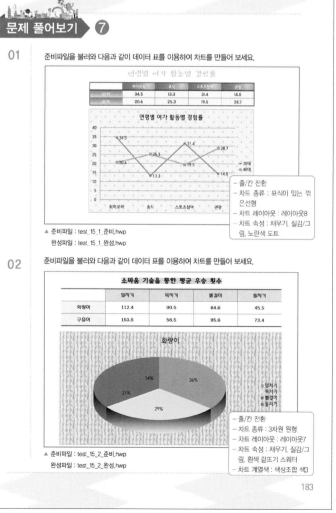

문제 풀어보기 **⑦**

01 준비파일을 불러와 다음과 같이 데이터 표를 이용하여 차트를 만들어 보세요.

- 줄/칸 전환
- 차트 종류 : 표식이 있는 꺾은선형
- 차트 레이아웃 : 레이아웃8
- 차트 속성 : 채우기, 질감/그림, 노란색 도트

▲ 준비파일 : test_15_1_준비.hwp
　 완성파일 : test_15_1_완성.hwp

02 준비파일을 불러와 다음과 같이 데이터 표를 이용하여 차트를 만들어 보세요.

- 줄/칸 전환
- 차트 종류 : 3차원 원형
- 차트 레이아웃 : 레이아웃7
- 차트 속성 : 채우기, 질감/그림, 흰색 걸뜨기 스웨터
- 차트 계열색 : 색상조합 색3

▲ 준비파일 : test_15_2_준비.hwp
　 완성파일 : test_15_2_완성.hwp

183

샘플 예제

01 웹브라우저의 주소 입력 창에 'www.kyohak.co.kr'를 입력한 후 Enter를 누릅니다. 교학사 홈페이지에서 상단 메뉴의 [자료실]을 클릭합니다.

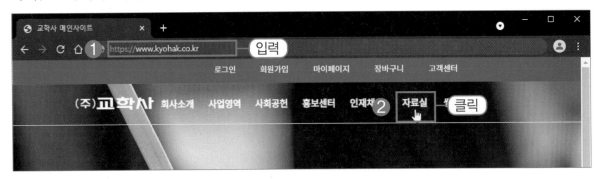

02 [출판] – [단행본] 탭을 클릭하고 검색에 **"뉴마이러브 한글 2020 예제파일"**을 입력한 다음 [검색]을 클릭합니다.

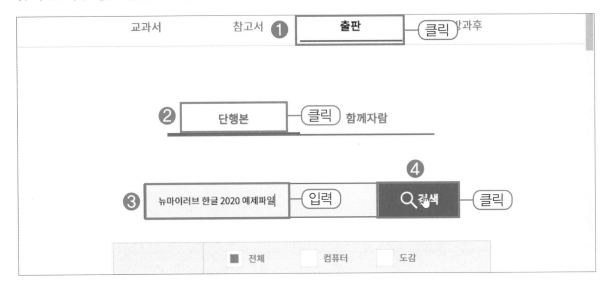

03 홈페이지 하단에 다운로드 본 교재의 예제파일이 검색되면 검색 결과를 클릭합니다.

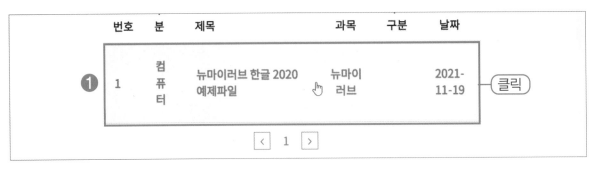

04 [다운로드]를 클릭하여 압축된 예제파일을 내려 받습니다.

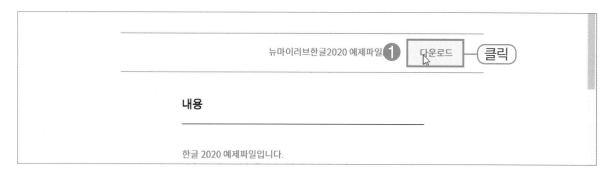

05 내려받기가 설정된 경로 위치에 압축된 예제파일이 저장됩니다. 압축 프로그램을 이용하여 예제파일의 압축을 풀어줍니다.

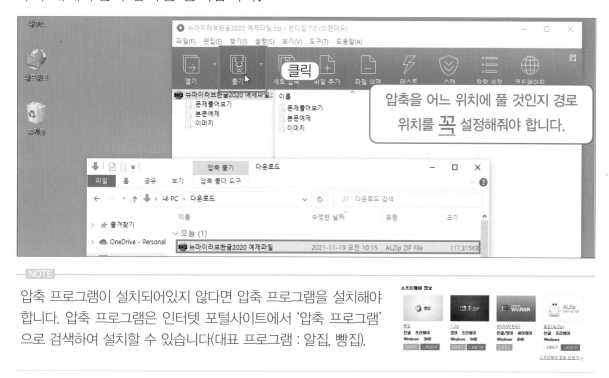

NOTE

압축 프로그램이 설치되어있지 않다면 압축 프로그램을 설치해야 합니다. 압축 프로그램은 인터텟 포털사이트에서 '압축 프로그램'으로 검색하여 설치할 수 있습니다(대표 프로그램 : 알집, 빵집).

06 바탕화면에 예제파일의 압축이 풀렸습니다. 이제 한글 2020을 실행하고 해당 폴더의 파일을 불러와 사용하면 됩니다.

Contents

Contents

01
SECTION

한글 2020 첫걸음 떼기

한글 2020은 편리한 사용자 인터페이스와 빠른 편집 기능을 사용하여 문서를 작성할 수 있습니다. 기본적인 기능과 사용 방법은 한글 2018과 비슷하기 때문에 이전의 버전 사용자도 쉽게 사용할 수 있습니다. 한글 2020 프로그램을 실행하고 종료하는 법을 알아보고, 한글 2020의 기능을 익히기 위해 화면을 구성하고 있는 메뉴와 대화상자 등을 알아봅니다.

PREVIEW

학습내용

한글 2020 화면 구성과 메뉴 알아보기

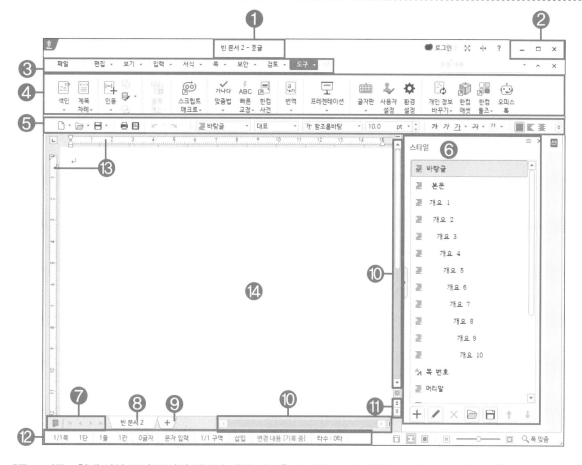

❶ 제목 표시줄 : 현재 작업 중인 문서의 경로와 파일 이름을 표시하며 제어 아이콘과 창 조절 단추가 있습니다.

❷ 창 조절 단추 : 최소화, 아이콘에서 화면 복원, 최대화, 닫기 등의 기능을 합니다.

❸ 메뉴 표시줄 : 한글 2020에서 제공하는 모든 기능이 줄 단위로 표시되어 있으며 해당 메뉴의 목록 단추를 클릭하면 하위 메뉴가 나타납니다.

❹ 기본 도구 상자 : 각 메뉴에서 자주 사용하는 기능을 그룹별로 묶어 [메뉴] 탭을 클릭하면 선택한 기능이 열림 상자 형식으로 나타납니다.

❺ 서식 도구 상자 : 문서를 작성할 때 자주 사용하는 기능을 모아 아이콘으로 묶어 놓은 곳입니다.

❻ 작업 창 : [보기] – [작업 창] – [스타일]에서 볼 수 있으며 보이기/감추기 상태를 정하거나 위치를 이동할 수 있습니다. 한글에서는 11개의 작업 창이 제공되며 작업 창을 활용하면 문서 편집 시간을 줄이고 작업 속도를 높이는 등 효율적인 문서 작업을 수행할 수 있습니다.

❼ 탭 이동 아이콘 : 여러 개의 탭이 열려 있을 때 이전 탭/다음 탭으로 이동합니다.

❽ 문서 탭 : 작성 중인 문서와 파일 이름을 표시합니다. 저장하지 않은 문서는 빨간색, 자동 저장된 문서는 파란색, 저장 완료된 문서는 검은색으로 표시됩니다.

❾ 새 탭 : 문서에 새 탭을 추가합니다.

❿ 가로/세로 이동 막대 : 문서 내용 화면이 편집 화면보다 크거나 작을 때 화면을 가로/세로로 이동합니다.

⓫ 쪽 이동 아이콘 : 작성 중인 문서가 여러 장일 때 쪽 단위로 이동합니다.

⓬ 상황선 : 커서가 있는 위치의 쪽 수/단 수, 줄 수 /칸 수, 구역 수, 삽입/수정 등 정보를 확인할 수 있습니다. [보기] – [문서 창]에서 선택하여 표시 또는 숨길 수 있습니다.

⓭ 눈금자 : 가로, 세로 눈금자가 있으며 이동과 세밀한 작업을 할 때 편리합니다.

⓮ 편집 창 : 글자나 그림과 같은 내용을 넣고 꾸미는 작업 공간입니다.

• 한글 2020 메뉴 알아보기 •

비슷한 기능을 가진 명령들을 모아놓은 곳이 메뉴입니다. 예를 들어 [도구] 메뉴 위에 마우스를 놓고 클릭하면 그림과 같이 하위 메뉴가 표시되며, 메뉴 앞에 여러 가지 기호와 문자가 표시되어 있습니다

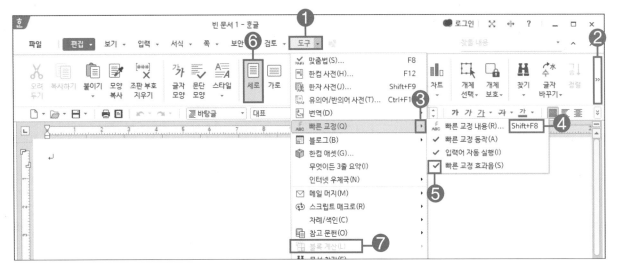

❶ [메뉴] 탭과 ▼ 단추 : [메뉴] 탭과 기본 도구 상자가 선택할 수 있는 부가 기능이 있는 열림 상자 형식으로 나타나고 펼침 단추를 누르면 선택한 메뉴의 하위 메뉴를 볼 수 있습니다.

❷ [옆으로 이동] 화살표 : 한글 2020 화면이 축소인 상태에 메뉴가 일부만 표시되며 [옆으로 이동] 화살표를 클릭하면 숨겨진 메뉴가 표시됩니다.

❸ ▶(삼각형) : 선택 가능한 세부 명령을 포함하고 있습니다.

❹ 단축키 : 빠른 실행을 하고자 할 때 사용하는 키보드 키입니다. 예를 들어 Ctrl 을 누른 채 F12 를 누르면 유의어 사전이 나타납니다.

❺ V(체크 표시) : 현재 특정 기능이 수행 중임을 나타내며, 한 번 더 클릭하면 V가 사라지면서 기능이 해제됩니다.

❻ 파란색 적용 : 마우스 커서나 방향키로 현재 선택된 명령임을 알려줍니다.

❼ 흐리게 표시된 것 : 명령어를 현재는 사용할 수 없는 상태를 나타냅니다

• 메뉴와 같은 기능을 가지고 있는 바로가기 메뉴 •

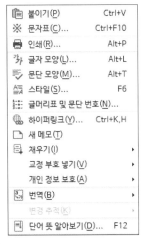

바로가기 메뉴란 화면에서 마우스 오른쪽 버튼를 클릭하면 실행되는 메뉴를 의미합니다. 화면 상단의 메뉴를 클릭하면 필요하지 않는 메뉴도 표시되지만, 바로가기 메뉴는 커서가 있는 곳에서 실행이 가능한 메뉴만을 표시해 줍니다.

• 대화상자 알아보기 •

대화상자는 메뉴를 사용할 때 메뉴에 대한 기능을 보다 자세하게 설정할 수 있도록 나타내는 것입니다.

상황선 알아보기 ■ ■ ■ ■ ■

상황선은 작업 중인 문서에서 마우스 커서가 있는 위치에 대한 현재 문서의 글자수, 쪽 수, 입력 상태 등의 정보가 나타납니다. 상황선 오른쪽 아래 [확대/축소]의 슬라이더 바를 좌우로 움직이면 화면이 축소/확대가 됩니다. 상황선의 돋보기 아이콘을 클릭하여 나타난 [확대/축소] 대화상자에서도 '배율', '쪽 모양', '쪽 이동'을 설정할 수 있습니다.

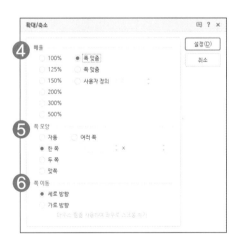

❶ 쪽 윤곽 : 쪽의 여백 부분까지 전체 윤곽으로 볼 수 있습니다. 쪽 윤곽이 해제되면 쪽의 여백과 머리말/꼬리말이 보이지 않고 작업 중인 문서의 공간만 나타납니다.

❷ 폭 맞춤 : 현재 편집 용지의 너비가 문서 창의 크기에 맞도록 축소 또는 확대됩니다.

❸ 쪽 맞춤 : 편집 중인 현재 용지의 한 페이지를 한 화면에 볼 수 있도록 배율을 축소 또는 확대합니다.

❹ 배율 : 돋보기를 클릭하여 나타난 대화상자에서 정해진 배율을 선택하거나 사용자가 배율을 정할 수 있습니다.

❺ 쪽 모양 : 정해진 쪽 모양을 선택하거나 여러 쪽을 한 화면에 볼 수 있도록 [여러 쪽]을 선택할 수 있습니다.

❻ 쪽 이동 : 문서를 편집할 때 이동 방향을 설정할 수 있습니다.

한 OCR 알아보기

한 OCR은 이미지 안에 있는 글자를 추출하여 문서로 변환할 수 있는 프로그램으로 오프라인 상태에서도 사용이 가능합니다. 이미지 안의 글자를 직접 입력하지 않아도 쉽게 글자로 추출할 수 있기 때문에 작업 속도를 높일 수 있는 장점이 있습니다.

01 바탕화면의 '한컴오피스 2020'을 더블클릭합니다. [한컴오피스] 창이 나타나면 ❶[한 OCR]을 클릭하면 오른쪽에 있는 ❷[실행]을 클릭합니다.

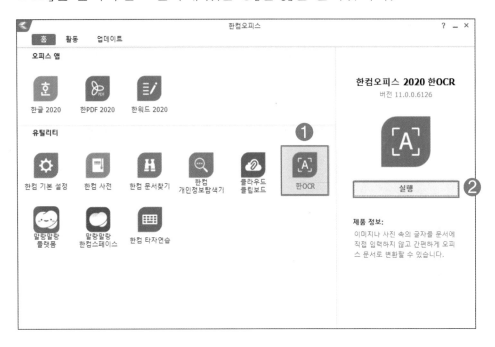

02 '한 OCR' 창에서 ❶[불러오기]를 클릭하면 [불러오기] 대화상자가 나타납니다. ❷'OCR. jpg'를 선택하고 ❸[열기]를 클릭합니다.

> 한 OCR은 'png', 'jpg', 'jpeg' 형식의 이미지 파일을 지원합니다. 변환할 수 있는 파일 형식은 'HWP', 'DOCX', 'PPTX', 'PDF', 'HTML', 'TXT'를 지원합니다.

03 이미지를 회전하기 위해 ❶[왼쪽으로 90도 회전]을 클릭합니다. 한글 문서로 변환된 결과를 저장할 위치를 설정하기 위해 ❷[저장 경로 설정]을 클릭합니다.

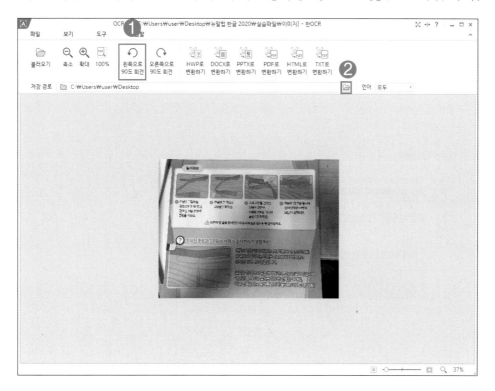

04 [폴더 선택] 대화상자가 나타나면 [새 폴더]를 클릭합니다. 새 폴더가 만들어지면 폴더 이름을 ❶'한글 2020 연습'이라고 입력한 후 ❷[폴더 선택]을 클릭합니다.

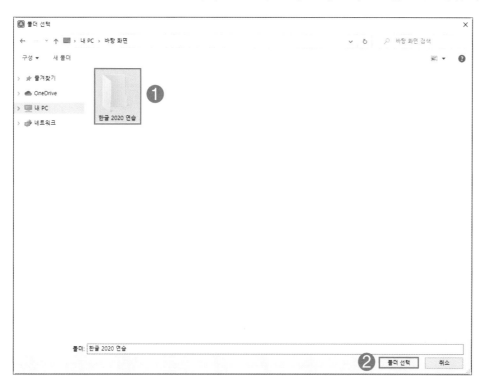

05 ❶[HWP로 변환하기]를 클릭하면 [문서로 변환하기] 대화상자에서 변환 진행률이 나타납니다. 완료되면 목록에 있는 ❷'OCR.hwp'를 더블클릭합니다.

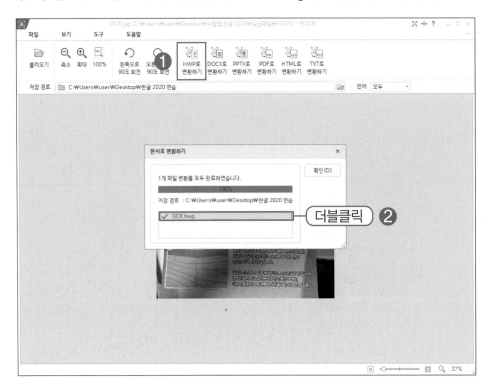

06 사진으로 찍은 이미지가 한글 문서로 변환되었습니다. 같은 방법으로 다른 파일 형식으로도 변환할 수 있습니다.

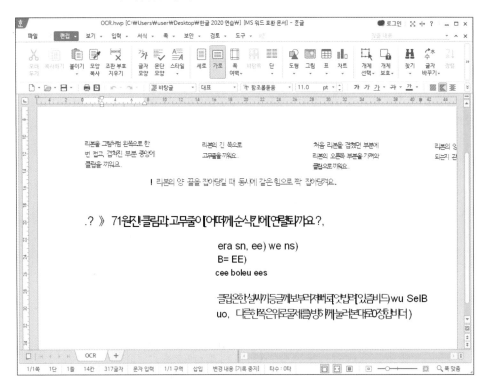

실습 04   한컴 애셋 서식 파일 내려받기

• 서식 파일 내려받기 •

01 한글 2020을 실행합니다. '새 문서'를 더블클릭하고 ❶[도구] 탭을 클릭하여 ❷[한컴 애셋]을 클릭합니다.

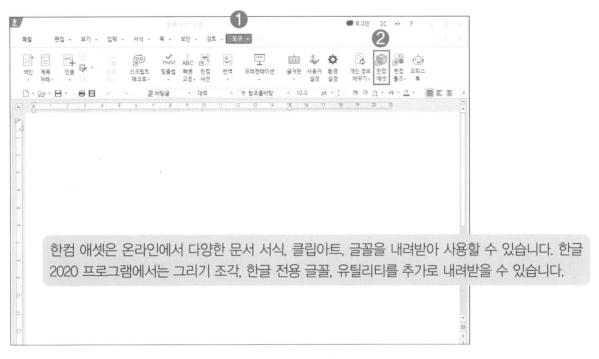

> 한컴 애셋은 온라인에서 다양한 문서 서식, 클립아트, 글꼴을 내려받아 사용할 수 있습니다. 한글 2020 프로그램에서는 그리기 조각, 한글 전용 글꼴, 유틸리티를 추가로 내려받을 수 있습니다.

02 [한컴 애셋] 창이 나타나면 [한글 서식] 탭에서 원하는 서식을 클릭합니다. 미리보기 화면에서 서식과 관련된 정보와 '사용권 안내'를 확인한 후 [내려받기]를 클릭합니다.

> 한컴 애셋은 한글 2020에서 다양한 글꼴과 클립아트(조각 이미지), 그리기 조각 등을 내려받을 수 있습니다.

챗봇(오피스 톡) 이용하기

01 한글 2020을 실행하고 ❶로그인을 클릭한 다음, ❷[도구] 탭에서 ❸[오피스 톡]을 클릭합니다.

한컴오피스에서 시간을 절약하고 문서 작업을 효율적으로 하기 위해 오피스 톡 작업 창을 제공합니다. 실시간 채팅으로 검색을 하거나 한컴오피스의 사용에 관련된 질문을 해결할 수 있습니다. 단 .오피스 톡은 한컴스페이스에 회원가입을 해야 사용할 수 있습니다(한컴스페이스 회원가입 방법은 본 교재 21쪽 참고).

02 '오피스 톡' 창이 오른쪽에 나타납니다. 오른쪽 페이지와 같이 오피스 톡 채팅을 이용해 보겠습니다.

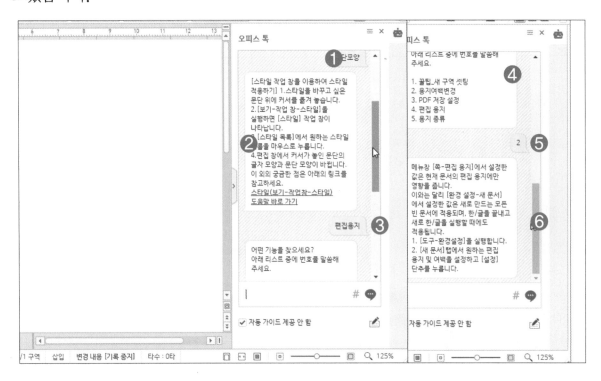

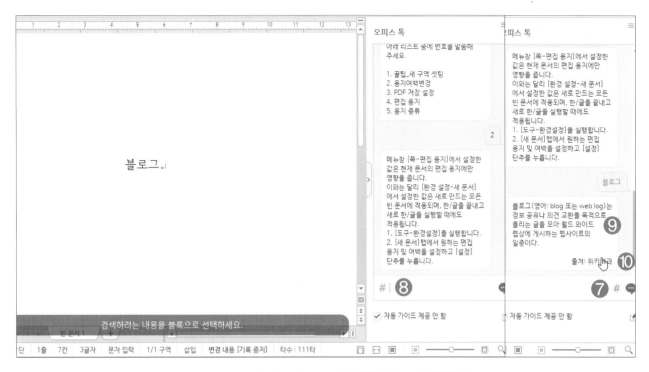

❶ 입력 창에 '문단 모양'을 입력하고 [Enter]를 누릅니다.

❷ 오피스 톡의 자세한 답을 확인할 수 있습니다.

❸ '편집 용지'를 입력하고 [Enter]를 누릅니다.

❹ 편집 용지와 관련된 기능이 나타납니다.

❺ 편집 용지에서 기능을 찾기 위해 '2'를 입력하고 [Enter]를 누릅니다.

❻ 관련된 정보가 자세히 나타납니다.

❼ 위키백과에서 검색하기 위해 입력 창의 #을 클릭합니다.

❽ 오피스 톡의 입력 창에서 # 표시되면 검색어를 드래그하고 [Enter]를 누릅니다.

❾ 검색한 내용을 위키백과에서 찾아줍니다.

❿ 위키백과를 클릭하면 브라우저에 검색어와 관련된 위키백과가 나타납니다.

02 SECTION

한컴스페이스 알아보기

한컴스페이스는 한글 2020에서 작업 중인 문서를 클라우드에 저장하는 기능으로, 오른쪽 상단에 있는 로그인을 통해 회원으로 가입해두면 사무실에서 작성 중인 문서를 저장하여 어디에서나 문서를 불러와 작업할 수 있습니다. 한컴스페이스에 회원 가입하고 오피스 프로그램에서 한컴스페이스에 연동하는 방법을 알아봅니다.

PREVIEW

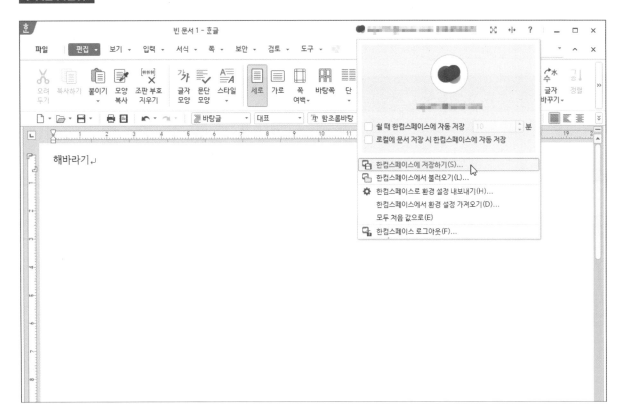

학습내용

실습 01 한컴스페이스 회원가입하기

실습 02 오피스 프로그램에서 한컴스페이스 연동하기

실습 03 한컴스페이스에 저장하기

체크포인트

● 한컴스페이스에 회원가입할 수 있는 방법을 알아봅니다.

● 한컴스페이스에 연동하는 방법을 알아봅니다.

● 작성한 문서를 한컴스페이스에 저장하는 방법을 알아봅니다.

실습 01 한컴스페이스 회원가입하기

· 한컴스페이스 접속하기 ·

01 바탕화면의 '한컴오피스 2020'을 더블클릭하면 '한컴오피스' 창이 나타납니다. 유틸리티 항목에서 ❶'말랑말랑 한컴스페이스'를 선택하고 ❷[실행]을 클릭합니다.

어떤 브라우저를 사용할 것인지 묻는 대화상자가 나타나면 자주 사용하는 브라우저를 선택합니다.

02 한컴스페이스 사이트에 접속됩니다. 한컴스페이스는 회원가입을 해야 사용할 수 있기 때문에 회원가입을 위해 ❶[로그인]을 클릭합니다.

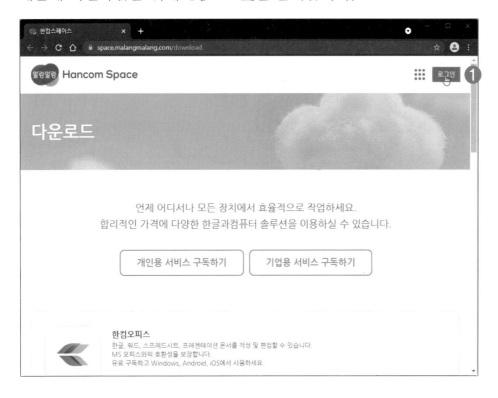

• 한컴스페이스 회원가입하기 •

01 ❶[회원가입]을 클릭합니다.

02 ❶[이메일로 가입하기]를 클릭합니다.

03 상단에 [모두 동의]에 체크 표시를 합니다. 스크롤바를 내려 아래 프로모션과 관련된 수신 여부는 체크하지 않고 ❶[동의]를 클릭합니다.

04 ❶'이메일 주소', '비밀번호', '비밀번호 확인', '생년월일'을 입력합니다. '만 14세 이상' 확인에 체크하고 ❷[회원가입]을 클릭합니다.

023

05 본인 확인을 위한 인증 메일 내용을 확인 후 ❶[확인]을 클릭합니다.

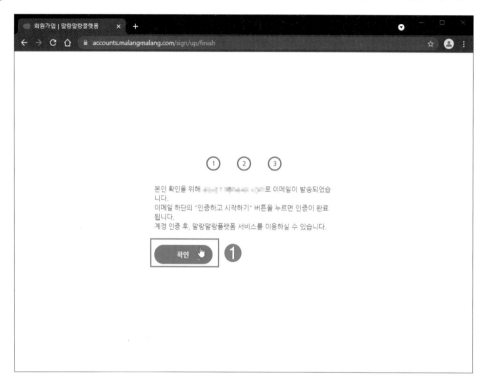

06 입력한 이메일 주소로 발송된 계정 인증 이메일을 확인하고 ❶[인증하고 시작하기]를 클릭합니다. 인증되었다는 문구와 함께 로그인 화면으로 돌아와서 로그인합니다.

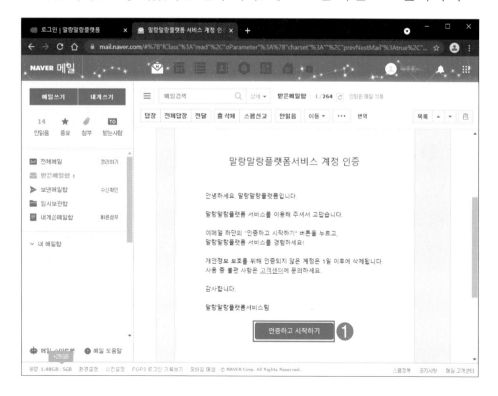

실습 02 오피스 프로그램에서 한컴스페이스에 연동하기

• 한컴스페이스 연동하기 •

01 '한글 2020'을 실행하여 오른쪽 상단의 ❶[한컴스페이스 로그인]을 클릭합니다.

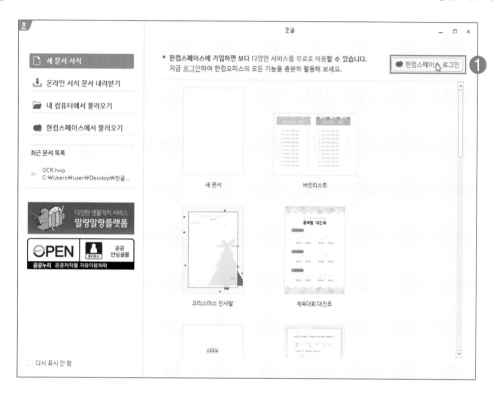

02 이메일과 비밀번호를 입력하고 '계속'을 클릭합니다. '이용자 고유 식별자'에 체크하고 ❶'동의하고 계속'을 클릭합니다.

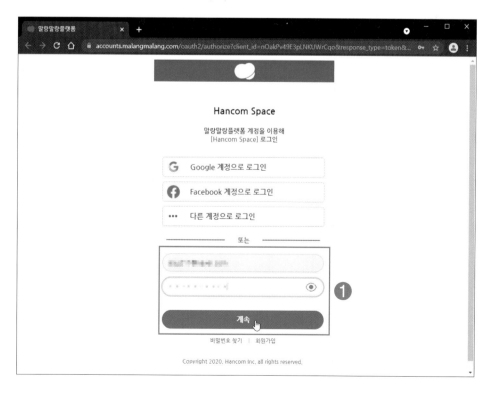

03 한글 2020으로 다시 돌아오면 '새 서식'을 더블클릭합니다. 오른쪽 상단의 계정을 클릭하면 연동된 한컴스페이스가 메뉴가 나타납니다.

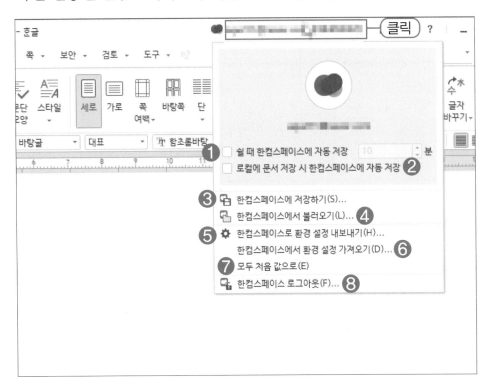

❶ 쉴 때 한컴스페이스에 자동 저장 : 편집 중인 문서가 일정 시간동안 작업이 이루어지지 않을 때 설정한 시간마다 한컴스페이스에 자동 저장됩니다. 저장 시간 간격은 5~30분으로 설정할 수 있습니다.

❷ 로컬에 문서 저장 시 한컴스페이스에 자동 저장 : 한컴 오피스에서 작성한 문서를 컴퓨터에 저장, 또는 한컴스페이스에서 작업한 문서를 컴퓨터나 태블릿, 모바일 등에 저장할 때 한컴스페이스에 자동 저장됩니다. 한컴스페이스에서 작업한 문서는 반드시 [다른 이름으로 저장]으로 저장해야 합니다.

❸ 한컴스페이스에 저장하기 : 편집한 문서를 한컴스페이스에 저장합니다.

❹ 한컴스페이스에서 불러오기 : 한컴스페이스에 저장된 문서를 불러옵니다.

❺ 한컴스페이스로 환경 설정 보내기 : 한컴오피스의 [환경 설정] 대화상자에서 설정한 항목, 단축키, 스킨 설정에서 사용자가 변경한 모등 항목들을 한컴스페이스에 저장합니다.

❻ 한컴스페이스에서 환경 설정 내보내기 : 이전에 한컴스페이스에 저장한 한컴오피스의 환경 설정 항목을 가져옵니다.

❼ 모두 처음 값으로 : 한컴스페이스에 설정된 자동 저장 설정 및 한컴스페이스 환경 설정 내보내기, 한컴스페이스에서 환경 설정 가져오기에서 설정한 항목을 초기화합니다.

❽ 한컴스페이스 로그아웃 : 접속한 한컴스페이스에서 로그아웃합니다.

실습 03 한컴스페이스에 저장하기

• 한컴스페이스 저장하기 •

01 '한글 2020'을 실행하여 새 문서를 불러온 후 ❶간단히 글을 입력하고 ❷'로그인'을 클릭하여 아이디와 비밀번호를 입력한 후 로그인합니다.

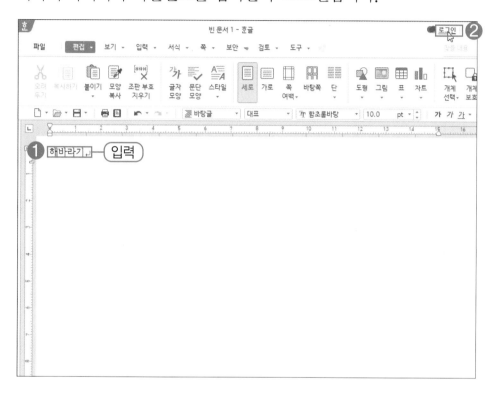

02 ❶메뉴 표시줄의 계정을 클릭하고 ❷[한컴스페이스에 저장하기]를 클릭합니다.

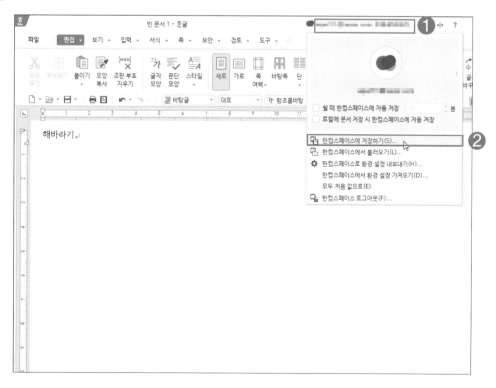

03
SECTION
문자 입력하고 저장하기

문서를 작성하기 위해 문자를 입력하고 저장하는 방법에 대해 알아봅니다. 키보드를 통해 문자를 입력하고, 특수 문자를 삽입하는 방법과 한글을 한자로 변환하는 과정도 알아봅니다.

PREVIEW

◀공지사항▶
쓰레기 분리(分離) 배출 안내
우리 오피스텔 재활(再活)용품(用品) 분리수거일 및 쓰레기 분리 배출일이 잘 지켜지지 인
다시 공지하오니 철저하게 분리하셔서 쓰리게 처리로 인한 비용을 감소시키고 쾌적한 오피
텔이 되도록 입주민 여러분의 협조(協助) 부탁드립니다.

♧일반 생활 쓰레기 배출은 종량제 봉투에 담아서 월, 수, 금
♣재활용품 분리 배출일은 화, 목, 토

각층 엘리베이터 앞에 쓰레기를 몰래 버리는 행위는 이웃 간의 불쾌함을 유발함으로 상호
불쾌하지 않도록 협조바랍니다.

▲ 완성파일 : sec03-1_완성.hwp

학습내용

실습 01 특수 문자와 한자 입력하기

실습 02 한자로 변환하기

실습 03 입력한 문서 저장하기

체크포인트

● 문서에 특수 문자와 한자를 입력하는 방법을 알아봅니다.

● 한자를 여러 형식으로 변환하는 방법을 알아봅니다.

● 작성한 문서를 저장하는 방법을 알아봅니다.

특수 문자와 한자 입력하기

• 특수 문자 입력하기 •

▼ 준비파일 : sec03-1_준비.hwp

01 한글 2020을 실행하고 [파일] 탭의 [불러오기]를 클릭한 다음, [불러오기] 대화상자가
나타나면 ❶'sec03-1_준비.hwp'를 선택하고 ❷[열기]를 클릭합니다.

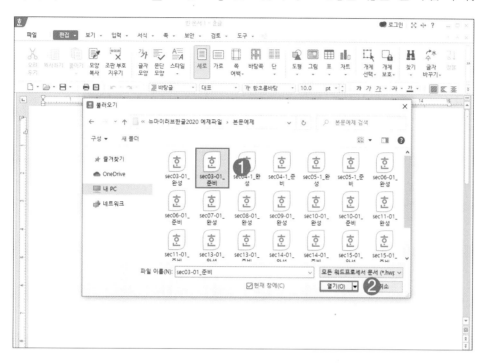

02 특수 문자를 입력하기 위해 '공' 앞에 커서를 위치시킨 후 ❶[입력] 탭의 ▼를 클릭하여
❷[문자표]를 선택합니다.

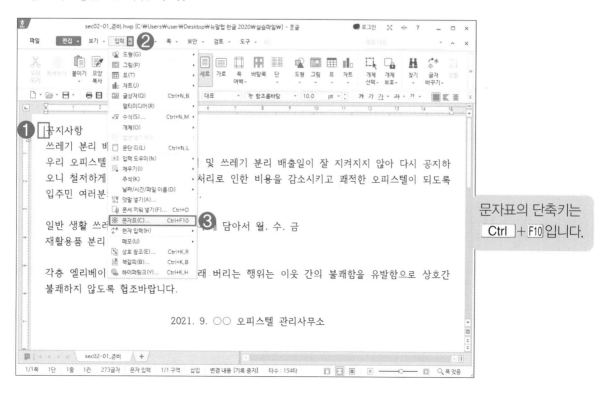

> 문자표의 단축키는
> Ctrl + F10 입니다.

03 [문자표] 대화상자의 ❶[훈글(HNC) 문자표] 탭에서 문자 영역의 ❷'전각 기호(일반)'의 ❸'◀'를 선택하여 ❹[넣기]를 클릭하거나 [Enter]를 누릅니다.

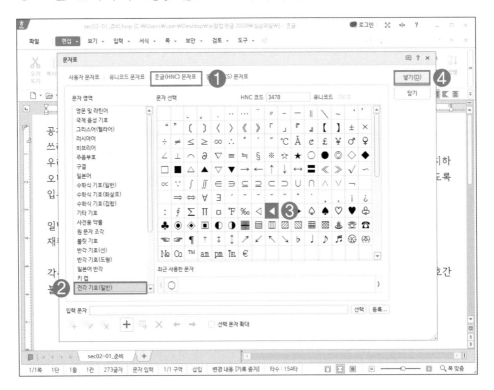

04 같은 방법으로 다음과 같이 특수 문자를 입력합니다.

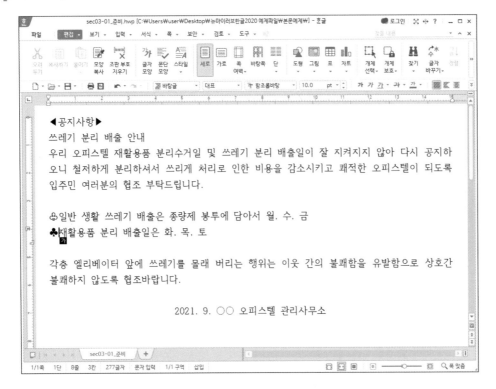

· 한글을 한자로 변환하기 ·

01 한글을 한자로 입력하기 위해 제목 부분의 ❶'분리' 뒤에 커서를 위치시킨 후 ❷[입력] 탭의 ❸[한자 입력]의 ▼를 클릭하여 ❹[한자로 바꾸기]를 선택합니다.

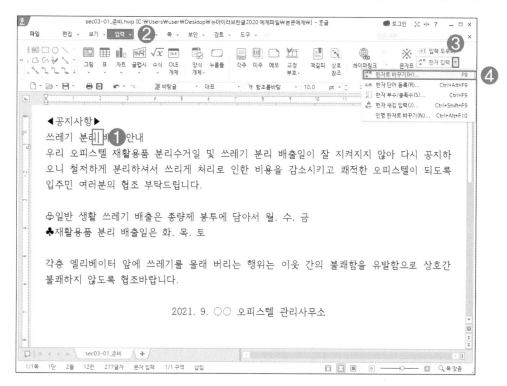

02 [한자로 바꾸기] 대화상자에서 ❶'분리'에 알맞은 한자를 선택합니다. 입력 형식을 ❷'한 글(漢字)'로 선택한 다음 ❸[바꾸기]를 클릭합니다.

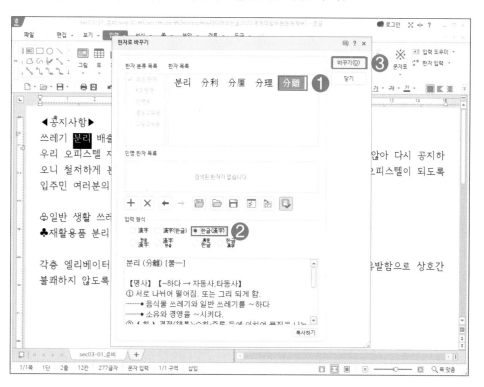

03 다음과 같이 한자로 변환됩니다.

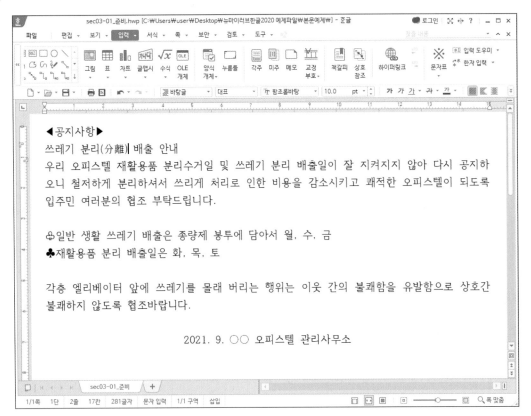

04 같은 방법으로 다른 단어도 다음과 같이 한자로 변경합니다.

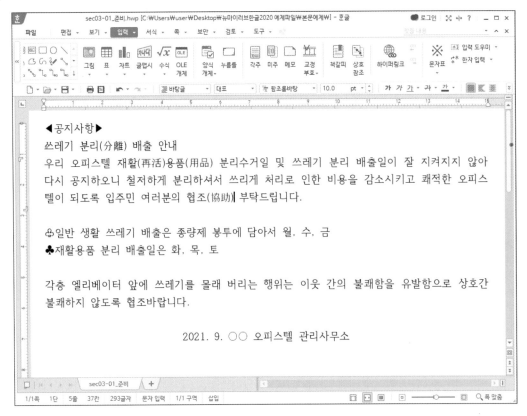

실습 03 입력한 문서 저장하기

• 입력한 문서 저장하기 •

01 입력한 문서를 저장해 봅시다. ❶[파일] 탭에서 ❷[다른 이름으로 저장하기]를 선택합니다.

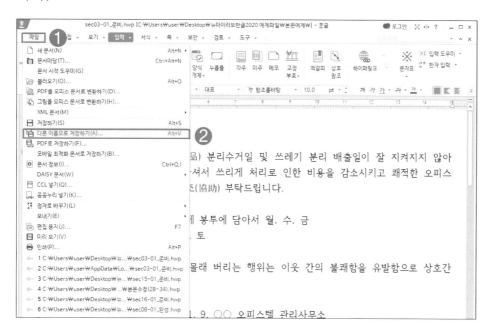

02 [다른 이름으로 저장하기] 대화상자가 나타나면 새로운 폴더를 만들어 봅시다. ❶[새 폴더]를 클릭하여 폴더가 만들어지면 이름을 ❷'한글 2020 연습'으로 입력하고 ❸[열기]를 클릭합니다.

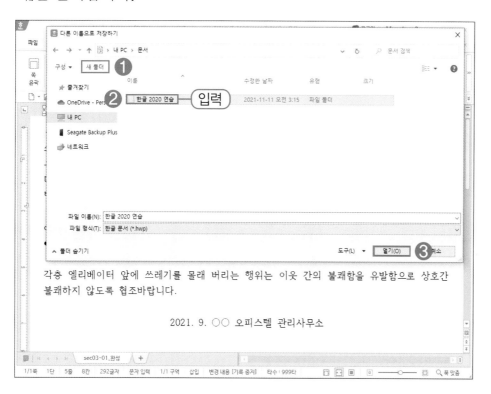

03 [다른 이름으로 저장하기] 대화상자에서 저장 위치가 '한글 2020 연습' 폴더로 변경되면 ❶파일 이름에 'sec03-1'을 입력하고 ❷[저장]을 클릭합니다.

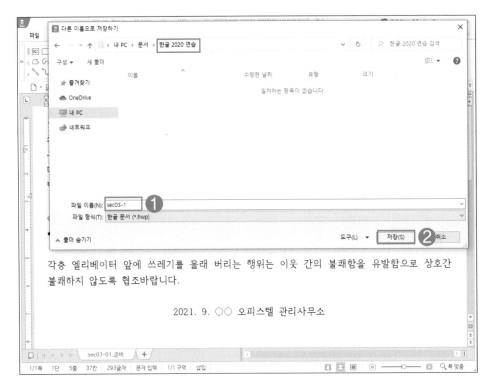

04 제목 표시줄에 저장한 파일 이름이 나타납니다. 같은 방법으로 다른 단어도 그림과 같이 변경합니다.

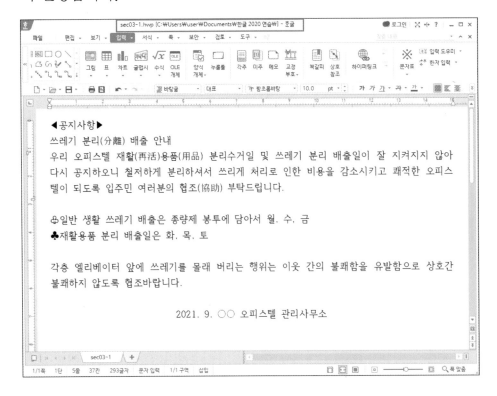

01 다음과 같이 문서를 입력하고 특수 문자와 한자를 삽입해 보세요.

> ♣ 만약에 당신이 좌절감에 사로잡혀 있다면 이런 사나이를 생각해 보라.
> 그는 초등학교를 중도 퇴학(退學)했다. 그는 시골에서 잡화점을 경영(經營)하다 파산했다. 그 빚을 갚은 데 15년이나 걸렸다. 그의 결혼생활은 매우 불행(不幸)한 것이었다. 그는 하원의원 선거에서 두 번이나 낙선(落選)했다. 상원의원 선거에서도 두 번이나 낙선했다.
> ☆그는 자기 이름을 A. 링컨(Abraham Lincoln)이라고 서명(書名)했다.
> -월스트리트 저널 공익광고

▲ 완성파일 : test_03_1_완성.hwp

> – 특수문자는 단축키 Ctrl + F10을 누르거나 [한글 문자표]–전각기호(일반)

02 다음과 같이 문서를 입력하고 한글을 한자로 입력해 보세요.

> ◎12간지 알아보기   [한글 문자표]–전각기호(로마자)
>
> 하루를 12간격으로 구분해 시간대별로 동물의 특징에 맞게 배치한다.
> 자▶축▶인▶묘▶진▶사▶오▶미▶신▶유▶술▶해
>
> Ⅰ 자축인묘(子丑寅卯)
> ☞ 쥐띠 자(子), 소띠 축(丑), 호랑이띠 인(寅), 토끼띠 묘(卯)
>
> Ⅱ 진사오미(辰巳午未)
> ☞ 용띠 진(辰), 뱀띠 사(巳), 말띠 오(午), 양띠 미(未)
>
> Ⅲ 신유술해(申酉戌亥)
> ☞ 원숭이 띠(申), 닭띠 유(酉), 개띠 술(戌), 돼지띠 해(亥)

▲ 완성파일 : test_03_2_완성.hwp

04
SECTION

복사하기와 이동, 글자 강조하기

한글 파일을 불러와 문서에서 반복되는 문단이나 문장을 원하는 위치에 복사하여 붙이거나 이동시키는 방법을 알아봅니다. 또 입력한 문서에서 문단의 첫 글자를 강조하여 장식할 수 있는 방법도 알아봅니다.

PREVIEW

사랑 그대로의 사랑
- 푸른하늘

내 가 당신을 얼마만큼 사랑하는지 당신은 알지 못합니다.
이른 아침, 감은 눈을 억지스레 떠야하는 피곤한 마음속에도
나른함 속에 파묻힌 채 허덕이는 오후의 앳된 심정 속에도
당신의 그 사랑스러운 모습은 담겨 있습니다.

내 가 당신을 얼마만큼 사랑하는지 당신은 알지 못합니다.
층층계단을 오르내리며 느껴지는 정리할 수 없는 감정의 물결 속에도
십년이 훨씬 넘은 그래서 이제는 삐걱대기까지 하는
낡은 piano 그 앞에서 지친 목소리로 노래를 하는
내 눈 속에도 당신의 그 사랑스러운 마음은 담겨 있습니다.

하 지만 언젠가는 당신도 느낄 수 있겠죠.
내가 당신을 얼마만큼 사랑하는지 당신도 느낄 수 있겠죠
비록 그날이, 우리가 이마를 맞댄 채 입맞춤을 나누는 아름다운
날이 아닌 서로 다른 곳을 바라보며 잊혀져 가게 될 각자의
모습을 안타까워하는 그런 슬픈 날이라 하더라도
나는 후회하지 않습니다.

그 러나 내가 당신을 사랑하는 건 당신께 사랑을 받기 위함이 아닌
사랑을 느끼는 그대로의 사랑이기 때문입니다.

▲ 완성파일 : sec04-1_완성.hwp

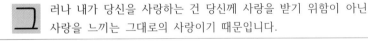

학습내용

실습 01 한글 문서 불러오기

실습 02 복사와 오려두기로 이동하기

실습 03 첫 글자 강조하기

체크포인트

● 저장한 한글 문서를 불러오는 방법을 알아봅니다.

● 문단을 오리거나 붙여서 이동하는 방법을 알아봅니다.

● 문단의 첫 글자를 강조하는 방법을 알아봅니다.

한글 문서 불러오기

▼ 준비파일 : sec04-1_준비.hwp

· 저장한 문서 불러오기 ·

01 한글 2020을 실행합니다. 저장된 한글 파일을 불러오기 위해 ❶[내 컴퓨터에서 불러오기]를 클릭합니다.

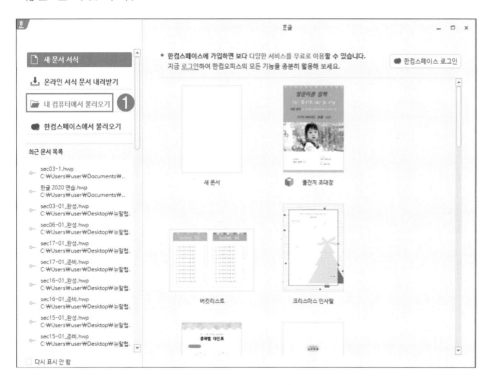

02 [불러오기] 대화상자에서 '실습파일' 폴더에서 ❶'sec04-1_준비.hwp'를 선택하고 ❷[열기]를 클릭합니다.

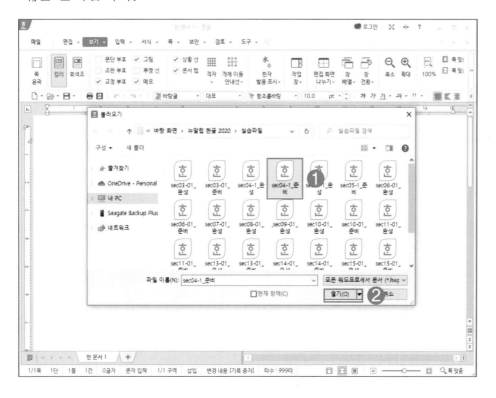

실습 02 복사와 오려두기로 이동하기

• 복사하기와 붙이기 •

01 다음의 문단을 복사하기 위해 ❶마우스로 드래그하여 블록을 지정한 후, ❷[편집] 탭에서 ❸[복사하기]를 클릭합니다.

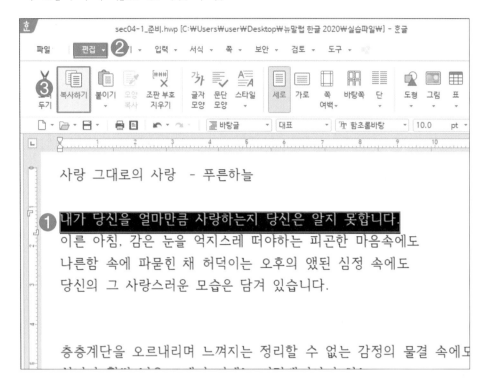

02 복사한 문단을 붙이기 위해 ❶커서를 그림과 같이 위치시킵니다. ❷[편집] 탭에서 ❸[붙이기]를 클릭합니다.

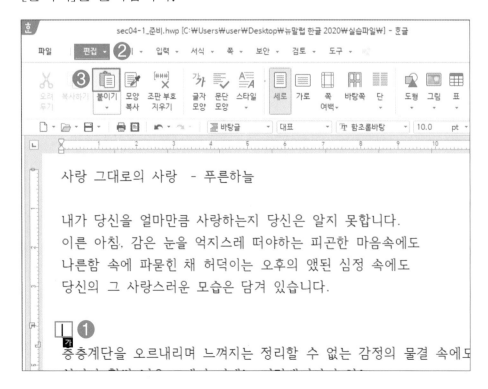

03 블록으로 복사해 둔 내용이 붙여넣어 집니다.

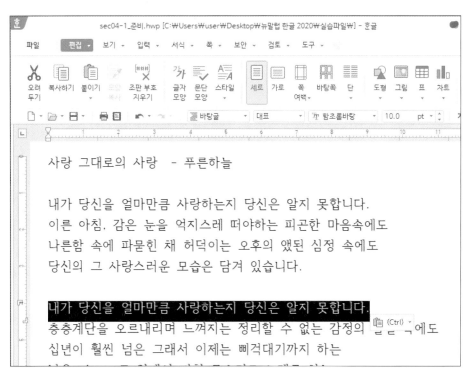

· 오려두기와 붙이기 ·

01 단어를 이동시키기 위해 ❶마우스로 드래그하여 블록으로 지정하고 ❷[편집] 탭에서
❸[오려두기]를 클릭합니다.

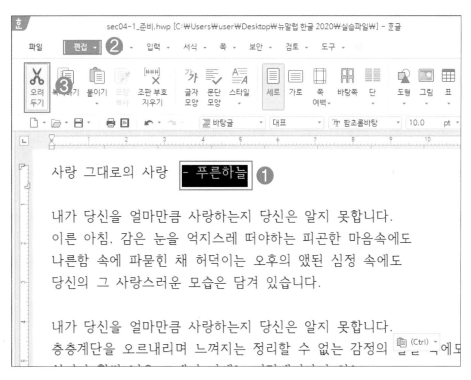

02 오려두기한 단어를 붙이기 위해 ❶커서를 그림과 같이 위치시킵니다. ❷[편집] 탭에서 ❸[붙이기]를 클릭합니다.

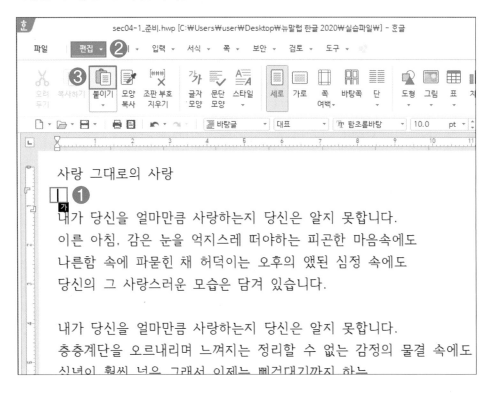

03 커서가 있는 위치로 내용이 이동됩니다.

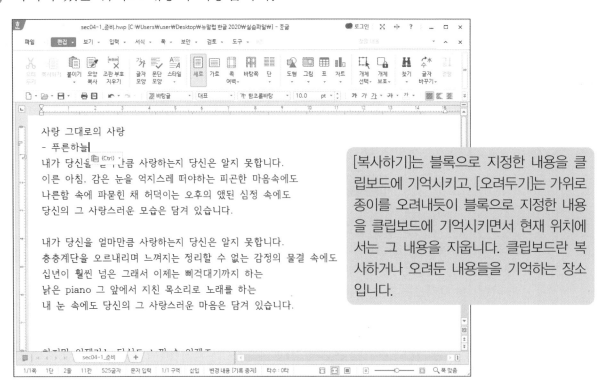

[복사하기]는 블록으로 지정한 내용을 클립보드에 기억시키고, [오려두기]는 가위로 종이를 오려내듯이 블록으로 지정한 내용을 클립보드에 기억시키면서 현재 위치에서는 그 내용을 지웁니다. 클립보드란 복사하거나 오려둔 내용들을 기억하는 장소입니다.

첫 글자 강조하기

• 문단 첫 글자 장식하기 •

01 문단의 첫 글자를 장식하기 위해 ❶'내가 당신을' 뒤에 커서를 위치시킵니다. ❷[서식] 탭의 ▼를 클릭한 다음 ❸[문단 첫 글자 장식]을 선택합니다.

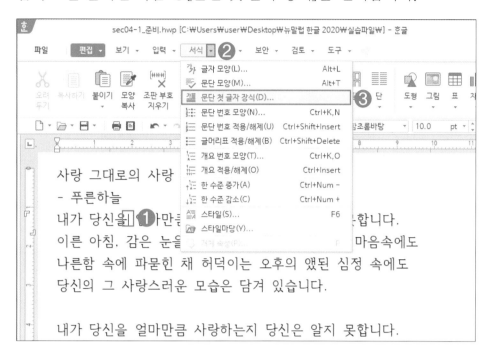

02 [문단 첫 글자 장식] 대화상자가 나타나면 ❶모양에서 '2줄'을 선택합니다. ❷글꼴은 '굴림', ❸면 색은 '주황 80% 밝게'를 선택한 다음 ❹[설정]을 클릭합니다.

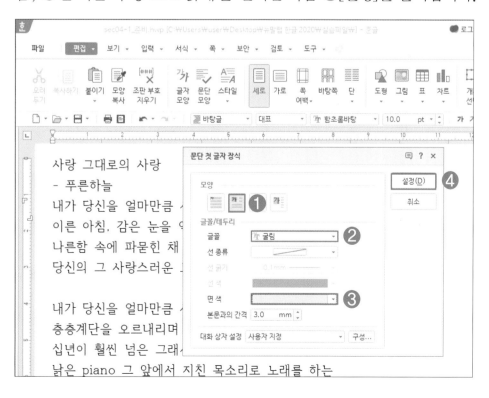

03 글자를 강조하기 위해 문서의 내용에서 ❶'사랑스러운'을 마우스로 드래그하여 블록으로 지정합니다. ❷[서식] 탭에서 ❸[형광펜]의 ▼를 클릭한 다음, ❹원하는 색상을 선택합니다.

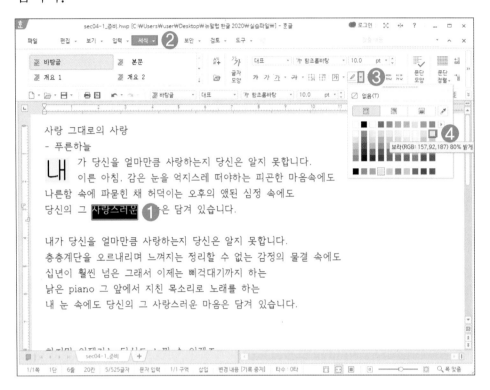

04 '사랑스러운' 글자가 형광펜으로 표시됩니다. 같은 방법으로 문단 첫 글자 장식과 형광펜 기능으로 다음과 같이 문서를 작성합니다.

사랑 그대로의 사랑
- 푸른하늘

내 가 당신을 얼마만큼 사랑하는지 당신은 알지 못합니다.
이른 아침, 감은 눈을 억지스레 떠야하는 피곤한 마음속에도
나른함 속에 파묻힌 채 허덕이는 오후의 앳된 심정 속에도
당신의 그 사랑스러운 모습은 담겨 있습니다.

내 가 당신을 얼마만큼 사랑하는지 당신은 알지 못합니다.
층층계단을 오르내리며 느껴지는 정리할 수 없는 감정의 물결 속에도
십년이 훨씬 넘은 그래서 이제는 삐걱대기까지 하는
낡은 piano 그 앞에서 지친 목소리로 노래를 하는
내 눈 속에도 당신의 그 사랑스러운 마음은 담겨 있습니다.

01 준비파일을 불러와 다음과 같이 문단의 첫 글자를 강조해 보세요.

시몬   – 구르몽

시 몬, 나무 잎새 져버린 숲으로 가자.
낙엽은 이끼와 돌과 오솔길을 덮고 있다.
시몬, 너는 좋으냐? 낙엽 밟는 소리가.

낙 엽 빛깔은 정답고 모양은 쓸쓸하다.
낙엽은 버림 받고 땅 위에 흩어져 있다.
시몬, 너는 좋으냐? 낙엽 밟는 소리가.

해 질 무렵 낙엽 모양은 쓸쓸하다.
바람에 흩어지며 낙엽은 상냥히 외친다.
시몬, 너는 좋으냐? 낙엽 밟는 소리가.

발 로 밟으면 낙엽은 영혼처럼 운다.
낙엽은 날개 소리와 여자의 옷자락 소리를 낸다.
시몬, 너는 좋으냐? 낙엽 밟는 소리가.

가 까이 오라, 우리도 언젠가는 낙엽이 되리니
가까이 오라, 밤이 오고 바람이 분다.
시몬, 너는 좋으냐? 낙엽 밟는 소리가.

– 모양 : 2줄
– 글꼴 : 돋움
– 초록 60% 밝게
  노랑 80% 밝게
  남색 80% 밝게
  주황 80% 밝게
  시멘트색 60% 밝게

▲ 준비파일 : test_04_1_준비.hwp / 완성파일 : test_04_1_완성.hwp

02 준비파일을 불러와 다음과 같이 내용의 글자를 강조해 보세요.

때 로는 자신의 사랑을 오직 한 사람에게만 주는 여자가 된다는 것은 참으로 어려운 일입니다.

당신은 고통스러워하는데, 그 남자는 당신이 전혀 이해할 수 없는 일을 하면서 즐거운 시간을 보낼 수도 있습니다.

비록 그를 이해하기가 어렵더라도 진정 사랑한다면 당신은 그를 용서할 겁니다.

당 신이 그를 진정으로 사랑한다면, 그를 **자랑스럽게** 여기세요.

– 모양 : 2줄
– 글꼴 : 양재벨라체M
– 점선, 0.1mm

그는 결국 남자이기 때문이예요.

그 의 곁에서 그를 도와주세요. 외롭고 쓸쓸한 밤이 오거든 그의 곁에서 두 팔로 그를 감싸주세요. 그가 다가올 수 있도록 **따뜻한 마음**을 주세요.

그 의 곁에서 그를 도와주세요. 당신이 줄 수 있는 최대한의 사랑을 베풀면서 그를 얼마나 사랑하는지 보여 주세요.

그의 곁에서 그를 도와주세요.

▲ 준비파일 : test_04_2_준비.hwp / 완성파일 : test_04_2_완성.hwp

05 글자 서식 설정하기

SECTION

문서에 입력된 글자를 보다 멋지게 표현하기 위해서 문서의 모양이나 크기, 색상과 그림자 등을 설정하는 과정과 작성된 문서에서 문단을 정렬하고 문서 전체에 테두리를 삽입하는 방법을 알아봅니다.

PREVIEW

우리의 건강을 지키는 음식

5가지 컬러 푸드(Color Food)

노란색, 보라색, 빨간색, 초록색, 흰색. 이 5가지 컬러가 함유된 과일과 채소가 지닌 제각각의 영양소와 효과에 대해 알아보자.

▶ 노란색은?

감·귤·당근·파인애플·호박 등은 노란색 색소를 지닌 과일과 채소로 카로틴 계열의 황산화제인 '베타카로틴'이 풍부하다. 베타카로틴은 암과 심장 질환 등 성인병 예방에 많은 도움을 주며 피부도 부드럽게하는 영양소다.

▶ 초록색은?

고추·녹찻잎·미나리·배추·브로콜리·오이·케일·키위 등 초록색이 함유된 과일·채소에는 '카로티노이드' 성분이 많이 들어있다. 카로티노이드는 신장과 간장의 기능을 돕고 공해 물질을 해독해주는 역할을 하여 신진대사를 원활하게하고 피로도 풀어준다.

▶ 흰색은?

매일 먹을땐 폐경기 초기 증상 완화시켜 주며 변비치료에도 도움을 준다. 마늘·바나나·버섯·배·알로에·양파·양배추등 흰색을 띠는 과일·채소는 '안토크산틴' 성분으로 유해 물질을 몸 밖으로 내보내고 심장병을 예방하며 신체 면역력을 길러준다.

▶ 빨간색은?

딸기·석류·토마토·홍피망 등 붉은색을 띠는 과일·채소에는 여성의 생식기능에 도움을 주고 피부 미용에 효과적인 '폴리페놀' 성분이 다량 함유체내 세포를 손상시키고 암을 유발하는 각종 물질을 억제해주는 역할을 해준다.

▶ 보라색은?

가지·복분자·블루베리·올리브·포도 등 보라색을 띠는 과일과 채소는 눈을 건강하게 하고 원기 회복, 성기능을 향상시킨다. 특히 '노화예방 성분'인 '안토시아닌'이라는 색소는 황산화 기능이 뛰어나며 피부 및 내장의 노화를 늦추는 데 좋으며 여성의 골다공증도 예방한다.

◀ 완성파일 : sec05-1_완성.hwp

학습내용

실습 01 글자 속성 변경하기

실습 02 문단 모양 지정하기

실습 03 글자 테두리와 배경 설정하기

실습 04 글자 속성 복사하기

체크포인트

● 글자의 속성을 변경하는 방법을 알아봅니다.

● 문단의 모양을 지정하는 방법을 알아봅니다.

● 글자 테두리와 배경을 설정하는 방법을 알아봅니다.

● 글자의 속성을 복사하여 반복 설정하는 방법을 알아봅니다.

글자 속성 변경하기

▼ 준비파일 : sec05-1_준비.hwp

• 글자 모양 변경하기 •

01 준비파일을 불러와 ❶'5가지 컬러 푸드(Color Food)'를 마우스로 드래그하여 블록으로 지정하고 ❷[편집] 탭에서 ❸[글자 모양]을 클릭합니다.

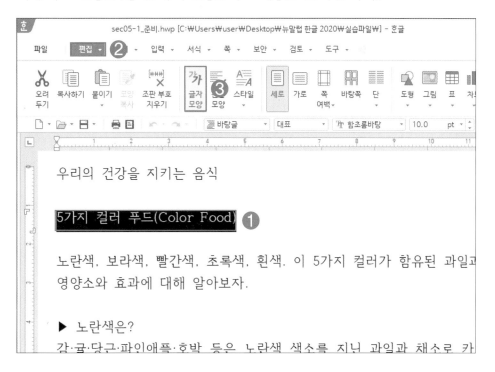

02 [글자 모양] 대화상자의 [기본] 탭에서 ❶글자 크기를 '20', ❷글자 색은 '보라'로 선택합니다. ❸속성에서 '진하게'를 선택하고 ❹[확장] 탭을 클릭합니다.

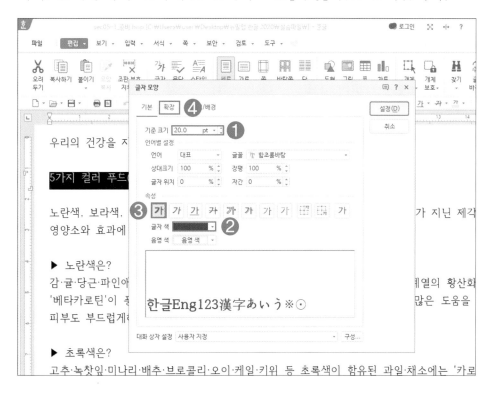

03 ❶[확장] 탭에서 ❷그림자는 '연속'을 선택한 다음 ❸[설정]을 클릭합니다.

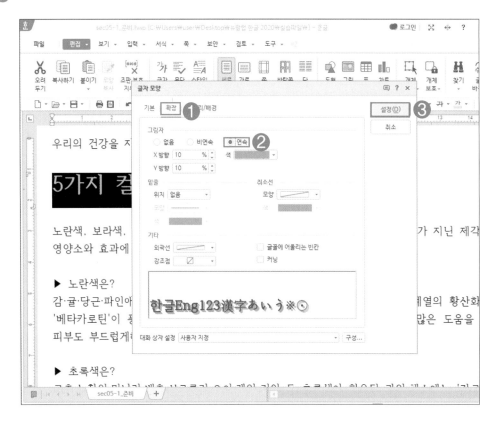

04 한글 문서의 빈 곳을 클릭하거나 Esc 를 눌러 블록을 해제합니다.

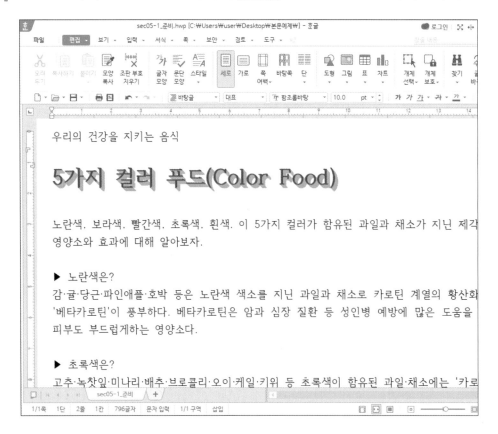

• 한컴 애셋으로 글꼴 내려받기 •

01 ❶[도구] 탭에서 ❷[한컴 애셋]을 클릭하여 대화상자가 나타나면 ❸[글꼴] 탭을 선택합니다. ❹'안동엄마까투리'로 검색을 하여 글꼴을 ❺내려받기를 합니다.

02 '한컴오피스 글꼴 설치 마법사' 창이 나타나면 ❶[다음]을 클릭하여 글꼴을 설치합니다. 설치가 완료되면 [종료]를 클릭하고 [한컴 애셋] 창을 닫아 한글 2020으로 돌아옵니다.

03 서식 도구 상자에서 글꼴의 종류의 ❶▼ 클릭하고 ❷내려받은 글꼴에서 ❸'안동엄마까 투리'로 선택합니다.

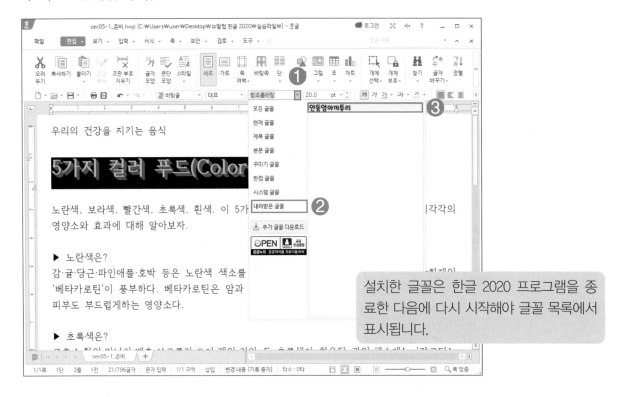

04 글꼴 저작권 설정을 위해 ❶[도구] 탭의 ❷'환경 설정'을 클릭합니다. [환경 설정] 대화 상자의 ❸[글꼴] 탭에서 ❹'주의 글꼴 알림'을 체크하고 ❺[설정]을 클릭합니다.

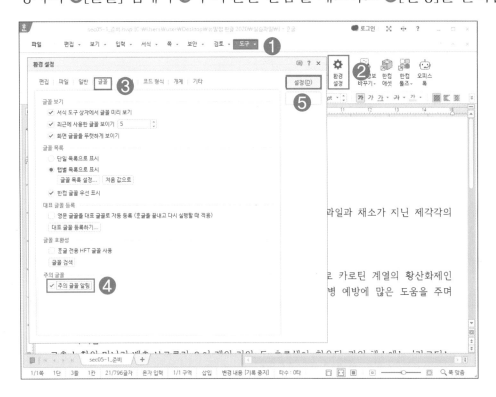

실습 02 문단 모양 지정하기

・ 문단 정렬하기 ・

01 ❶'우리의 건강을 지키는 음식' 뒤에 커서를 위치시키고 ❷[편집] 탭의 ❸[문단 모양]을 클릭합니다.

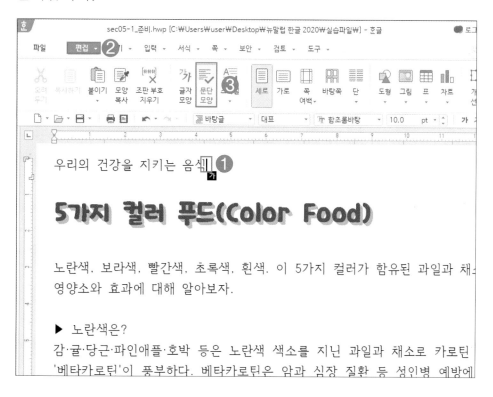

02 [문단 모양] 대화상자에서 ❶[기본] 탭의 '오른쪽 정렬'을 선택하고 ❷[테두리/배경] 탭을 클릭합니다.

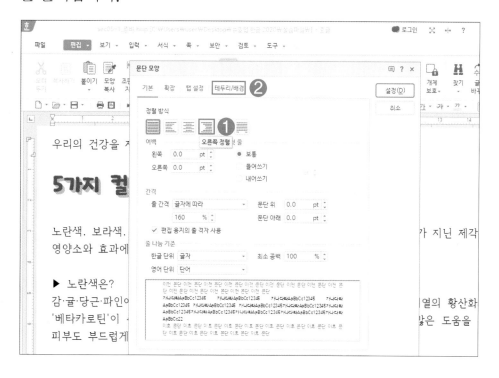

03 [테두리/배경] 탭에서 ❶배경의 면 색을 '초록 80% 밝게'로 선택합니다. ❷간격을 모두의 ▲를 클릭하여 '1mm'로 지정하고 ❸[설정]을 클릭합니다.

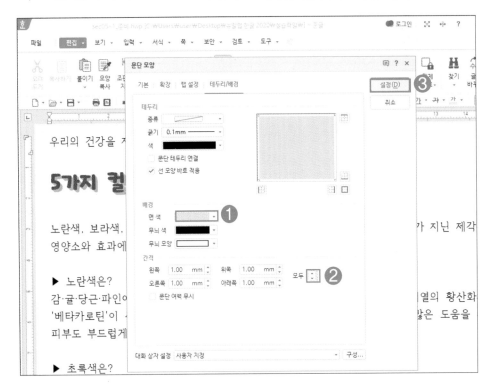

04 문단을 정렬하기 위해 ❶'5가지 컬러 푸드(Color Food)' 뒤에 커서를 위치시킨 후 서식 도구 상자에서 ❷'가운데 정렬'을 클릭합니다.

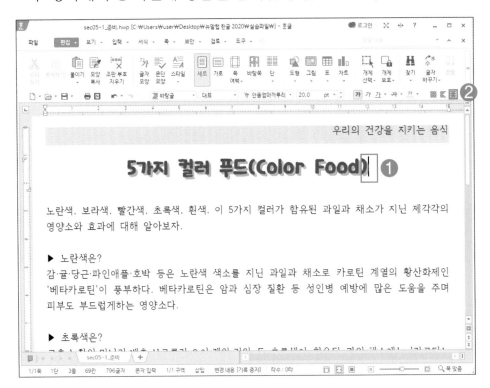

실습 03 글자 테두리와 배경 설정하기

• 글자 테두리 설정하기 •

01 글자의 테두리를 설정하기 위해 ❶'▶ 노란색은?'을 마우스로 블록 지정한 후 ❷[편집] 탭의 ❸[글자 모양]을 클릭합니다.

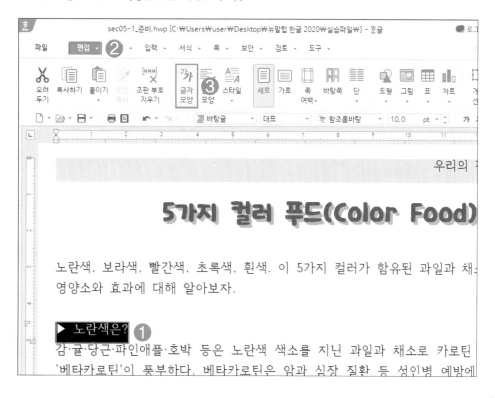

02 [기본] 탭에서 글자 색을❶'하양'으로 지정하고 ❷[테두리/배경] 탭을 클릭합니다.

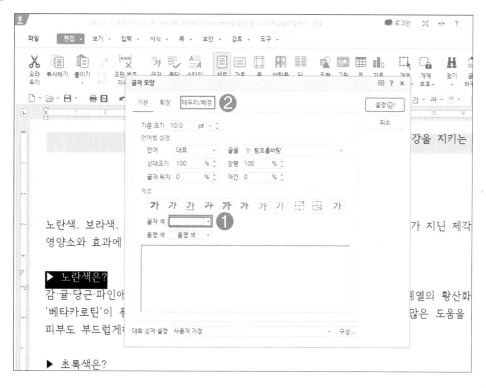

· 글자 배경 설정하기 ·

01 [테두리/배경] 탭에서 ❶테두리의 종류를 '이중 실선', 굵기는 '1.5mm', 색은 '노랑 50% 어둡게', ❷테두리의 방향은 '모두'를 선택합니다.

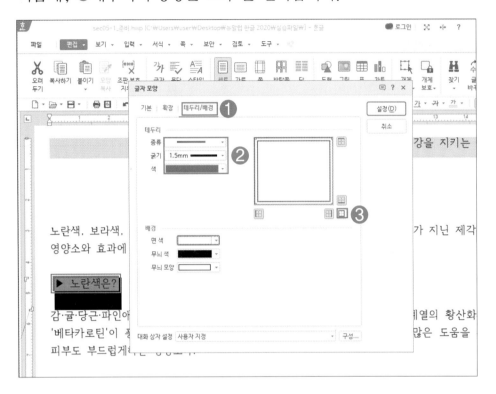

02 ❶배경의 '면 색'은 '노랑 50% 어둡게'로 클릭하고 ❷[설정]을 클릭합니다.

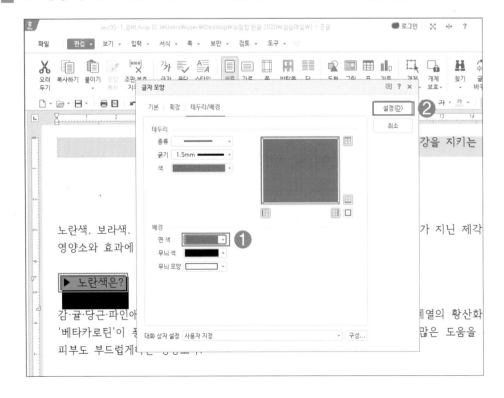

글자 속성 복사하기

■ ■ ■ ■ ■

• 글자 속성 복사하기 •

01 ❶'▶ 노란색은?'의 단어 사이에 커서를 위치시키고 ❷[편집] 탭의 ❸[모양 복사]를 클릭합니다.

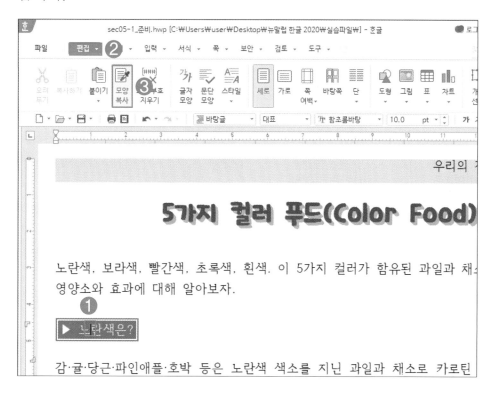

02 [모양 복사] 대화상자가 나타나면 ❶'글자 모양'을 선택하고 ❷[복사]를 클릭합니다.

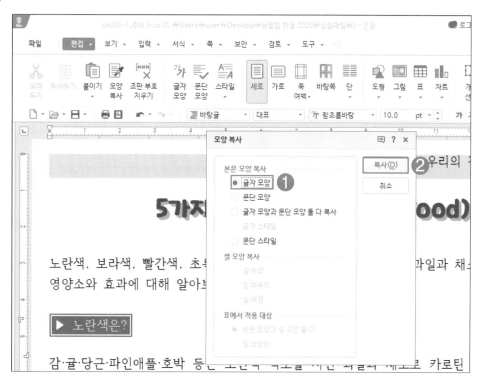

03 복사한 글자를 다른 글자에 똑같이 지정하기 위해 ❶'▶ 초록색은?'을 마우스로 블록 지정한 후 ❷[편집] 탭의 ❸[모양 복사]를 선택합니다.

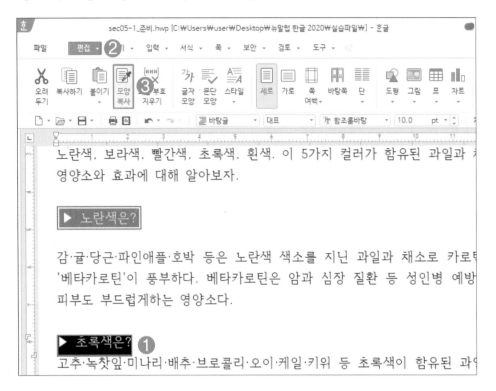

04 그림과 같이 다른 문단도 같은 방법으로 복사하여 완성합니다.

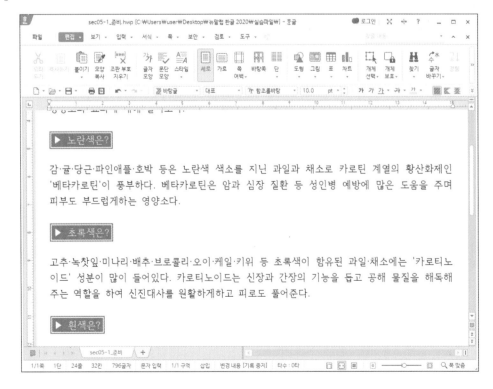

01 준비파일을 불러와 글꼴, 글자 크기, 글자 색을 변경하고 글자 모양을 복사하여 다른 글자에 적용해 보세요.

산행시 주의해야할 사항은? ⟶ 안동엄마까투리, 10pt

자신과 가족의 건강을 위해 떠나는 즐거운 산행.
안전 규칙을 소홀하면 건강을 해칠 수도 있는 산행이 될 수도 있습니다.
간단한 산행 안전을 확인하는 습관이 중요합니다.

☞ 등산을 시작하기 전에 준비운동을 합니다. ⟶ HY나무B, 10pt, 주황 50% 어둡게
간단한 체조나 스트레칭을 하며 땀은 흐를 때까지 걷되, 숨이 찰 때 걸어야합니다. 가볍 걸을때도
땀이 솟을 만큼은 걸어야 하고, 산행도중에 휴식을 취할 경우에도 땀이 반쯤 식었을 때 일어
서야 지치지 않습니다. 짧게 휴식하는 것이 피로감을 적게 줍니다.
☞ 휴식시간을 준비시간으로 활용합니다.
의복을 조절하거나 수분이나 영양보충도 하고, 등산화 끈을 고쳐 매거나 배낭의 불편한 점을
고치고, 다음 루트확인 등을 확인합니다. 그 외에 휴식 때 해야 할 여러 가지 행동을 취하면
서 다음 보행을 좋은 리듬으로 하기 위한 준비단계로 휴식시간을 보냅니다.
☞ 처음이나 나중이나 항상 일정한 보폭과 속도를 유지해야 합니다.
내리막길을 뛰거나 오르막길을 머뭇거리는 일이 없도록 하며 체력에는 개인차가 있기 때문에
다른 사람을 따라가려다 보면 쉽게 지치고 심하면 부상을 입을 수 도 있습니다.
☞ 산길은 발로 디딜 곳을 확실히 정하여 딛습니다. ⟶ HY나무B, 10pt, 초록 50% 어둡게
등산화 끈의 발목 부분일 조여 발톱이 등산화 앞부분에 닿지 않게 하며 짐을 손들 경우 을
안정한 바위나 나무를 사용해서는 안되며 심한 경사인 경우 돌아 내려가도록 합니다.

▲ 준비파일 : test_05_1_준비.hwp / 완성파일 : test_05_1_완성.hwp

02 준비파일을 불러와 글꼴, 글자 크기, 글자 색을 변경하고 글자 모양을 복사하여 다른 글자에 적용해 보세요.

오페라의 유령 (The Phantom of the Opera) ⟶ – 문단 모양 : 배경 – 보라 80% 밝게
– 테두리 : 이중 실선, 0.5mm

파리, 오페라 하우스 경매장의 1919년.
휠체어 기대 앉은 노인은 원숭이가 장식된 뮤직박스를 낙찰 받게 되고
뮤직박스에서 흘러나오는 음악을 들으며 회상에 잠기는 순간,
오래된 샹들리에가 빛을 발하며 무대중심으로 솟아 오르며
1860년 화려했던 파리 오페라 하우스의 웅장한 무대가 눈앞에 펼쳐지기 시작한다.

팬텀 ⟶ – 테두리 : 이중 물결선, 굵기 0.4mm, 주황 50% 어둡게
남자주인공으로 출생이나 과거는 자세히 알려지지 않으며 태어나면서 얼굴반쪽이 흉악한 괴물의 얼굴이 – 면 색 : 노랑 80% 밝게
다고 전해진다. 미로의 오페라하우스 지하에 숨어사는 음악의 천재로 오페라하우스 신인여배우
에게 사랑을 느끼지만 이루어지지않는 사랑과 라울에 대한 질투심에 괴로워한다.

크리스틴
여주인공으로 오페라하우스의 발레단원에서 새로운 프리마돈나로 급부상한 아름다운 소녀로 음악의 천사
를 보내주겠다고 하신 돌아가신 아버지의 유언대로 음악의 천사라고 주장하는 유령 팬텀에게 이끌려 그
의 은신처에서 그의 음악을 배운다.

라울
크리스틴의 약혼자이자 오페라하우스의 재정보증인으로 귀족이며 크리스틴의 소꿉친구이다. 오페라하우스
의 여주인공으로 성장한 크리스틴과 사랑에 빠져 비밀리에 약혼을 하고 유령의 정체를 밝혀 크리스틴의
공포를 해소시키고 사랑을 지키려고 한다.

▲ 준비파일 : test_05_2_준비.hwp / 완성파일 : test_05_2_완성.hwp

06
SECTION
그림 삽입하고 스타일 설정하기

단순해 보일 수 있는 한글 문서에 이미지를 삽입하면 내용을 훨씬 잘 전달할 수 있는 문서로 거듭날 수 있습니다. 그림을 삽입하고 크기를 조절하거나 본문과의 배치, 여백을 지정하거나 다양한 효과로 설정할 수 있는 방법을 알아봅니다.

PREVIEW

즐거운 볼거리! 갈만한 곳! '인천 Best 3'

◎ 월미테마파크
월미도에서 1992년 개장해 '마이랜드'를 시작으로 2009년 새롭게 '월미테마파크'로 재탄생했다. 월미테마파크에서 **빠질** 수 없는 마스코트! '디스코'와 스릴 넘치는 세계 최초의 2층 바이킹, 인천 앞바다의 풍경을 볼 수 있는 대관람차까지 완비되어 있다. 인천 여행객이라면 놓쳐서는 안 될 인천 랜드마크이다.

◎ 강화평화전망대
남한에서 가장 가까운 거리에서 북한 주민의 생활상을 육안으로 볼 수 있는 곳으로 민족 동질성 회복과 평화적 통일의 기반구축을 위한 문화 관광 공간으로 활용하기 위해 민통선 북방 지역에 지하 1층 지상 4층 규모로 건립되어 2008년 9월 5일 개관하였다.

◎ 송월동 동화마을
1883년 인천항이 개항된 후 독일인을 비롯한 외국인들이 거주하던 부촌이였다고 한다. 그러나 현재 젊은 사람들은 떠나고 연로하신 분들만 거주하면서 건축물이 노후되고 빈 집들이 늘어났다. 2013년 4월부터 꽃길을 만들고 낡은 담과 옹벽에 세계명화동작을 테마로 동심이 담겨져 있는 글미과 조형물을 설치하면서 지금의 동화마을이 만들어지게 되었다.

[출처 : https://itour.incheon.go.kr/NTK_COMM/List.jsp?bbs_id=NTK_20400]

◀ 완성파일 : sec06-1_완성.hwp

학습내용

실습 01 문서에 이미지 삽입하기

실습 02 그림에 여백 설정하기

실습 03 그림에 스타일 효과 설정하기

체크포인트

● 이미지를 삽입하는 방법을 알아봅니다.

● 삽입한 그림에 여백을 설정하는 방법을 알아봅니다.

● 삽입한 그림에 스타일을 적용하는 방법을 알아봅니다.

실습 01
문서에 이미지 삽입하기

▼ 준비파일 : sec06-1_준비.hwp

· 이미지 삽입하기 ·

01 준비파일을 불러와 제목 부분을 블록으로 지정하고 서식 도구 상자에서 ❶[가운데 정렬]을 클릭합니다.

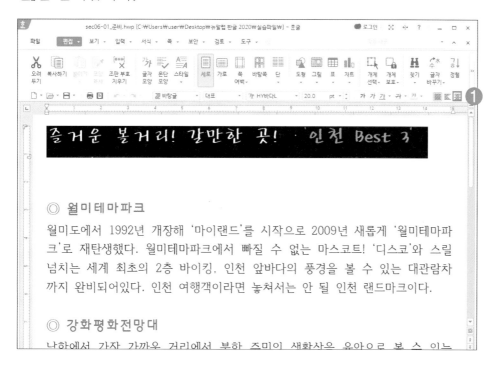

02 문서에 이미지를 삽입하기 위해 ❶[입력] 탭의 ▼를 클릭한 다음, ❷[그림]을 선택하고 ❸[그림]을 클릭합니다.

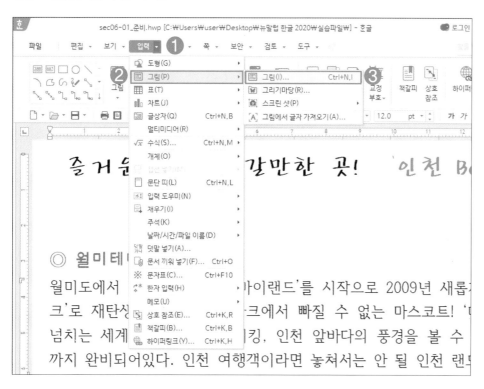

03 [그림 넣기] 대화상자에서 이미지 폴더에 있는 ❶'월미테마파크' 이미지를 선택하고 ❷ [열기]를 클릭합니다.

> 다음 과정을 위해 [그림 넣기] 대화상자에서 '문서에 포함'과 '마우스로 크기 지정'에 체크가 되어 있는지 확인합니다.

04 ❶마우스 포인터가 + 모양이 되면 원하는 위치에서 마우스를 드래그하여 이미지의 위치와 크기를 조절합니다.

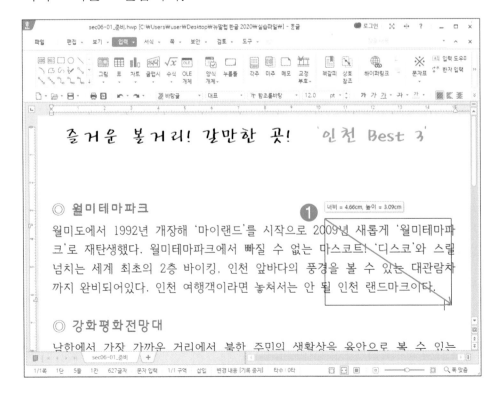

그림에 여백 설정하기

· 본문과의 배치 설정하기 ·

01 이미지의 위치와 여백을 설정하기 위해 삽입한 ❶이미지를 선택한 후 마우스 오른쪽
버튼를 클릭하여 ❷[개체 속성]을 클릭합니다.

> 이미지를 더블클릭해도 [개체 속성] 대화상자를 실행할 수 있습니다.

02 [개체 속성] 대화상자가 나타나면 [기본] 탭에서 위치의 ❶본문과의 배치에서 '어울림'
을 선택하고 ❷[그림] 탭을 클릭합니다.

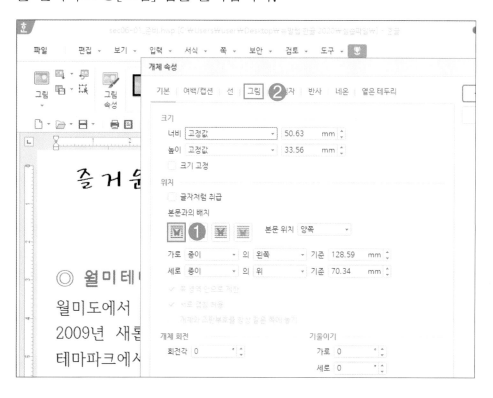

03 이미지의 크기와 여백을 설정하기 위해 [그림] 탭에서 ❶확대/축소 비율의 가로와 세로 모두 '35'를 입력합니다.

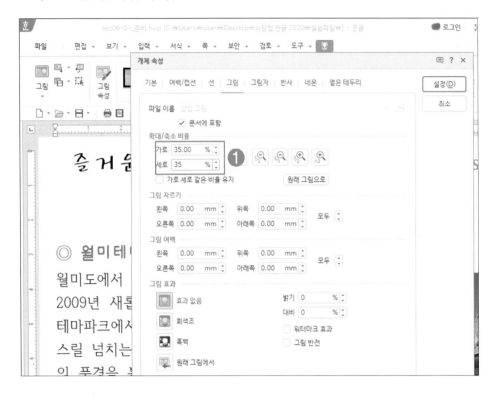

04 계속해서 ❶그림 여백의 왼쪽과 오른쪽, 위쪽과 아래쪽 모두 '4'로 입력한 후 ❷[설정]을 클릭합니다.

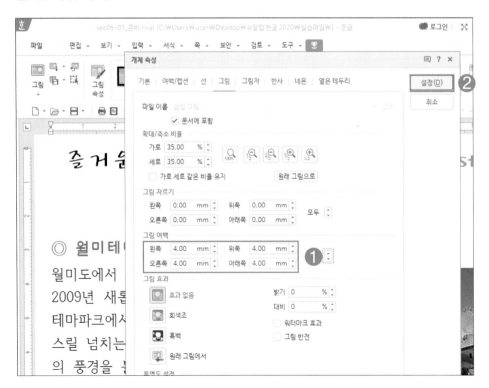

05 이미지의 비율과 여백이 설정되면 이미지를 마우스와 방향키로 글과 어울리게 조절합니다.

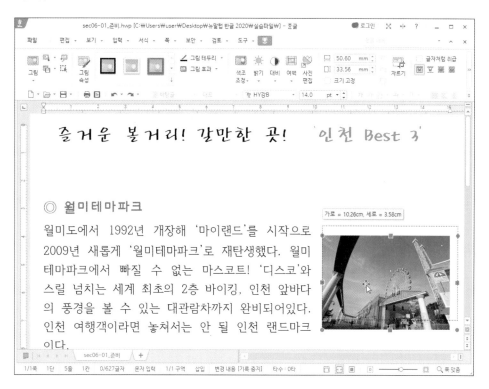

06 '강화평화전망대'와 '송월동 동화마을'도 같은 방법으로 이미지를 추가합니다.

그림에 스타일과 효과 설정하기

• 그림에 스타일 설정하기 •

01 이미지에 스타일을 설정하기 위해 ❶'월미테마파크' 이미지를 선택하고 ❷[그림] 탭
(🌷)의 그림 스타일 목록에서 ❸자세히(↓)를 클릭합니다.

02 목록이 펼쳐지면 ❶'옅은 테두리 반사'를 클릭하여 스타일을 변경합니다.

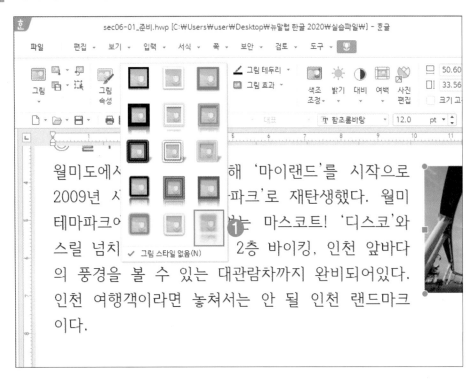

• 그림에 테두리 설정하기 •

01 이미지에 스타일을 설정하기 위해 ❶'강화평화전망대' 이미지를 선택하고 ❷[그림] 탭에서 ❸그림 테두리의 ▼를 클릭하여 목록에서 색상은 ❹'보라 25% 어둡게'를 클릭합니다.

02 [그림] 탭(🌷)에서 ❶그림 테두리의 ▼를 클릭하여 목록에서 ❷선 굵기는 '0.3mm', ❸선 종류는 '이점쇄선'을 선택합니다.

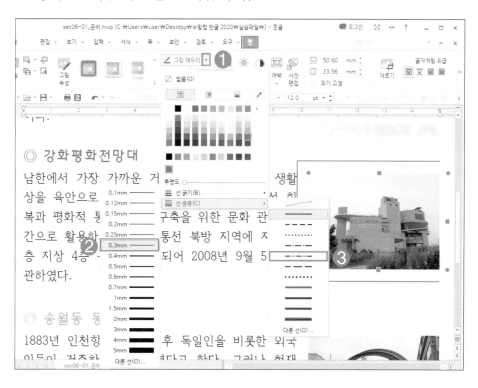

• 그림에 효과 설정하기 •

01 이미지에 효과를 설정하기 위해 ❶'송월동동화마을' 이미지를 선택하고 ❷[그림] 탭
(🌷)에서 ❸그림 효과를 클릭합니다.

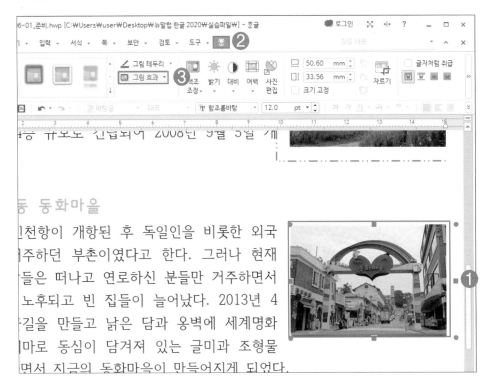

02 ❶네온을 클릭하여 목록에서 마지막 줄의 ❷'회색 네온'을 선택합니다.

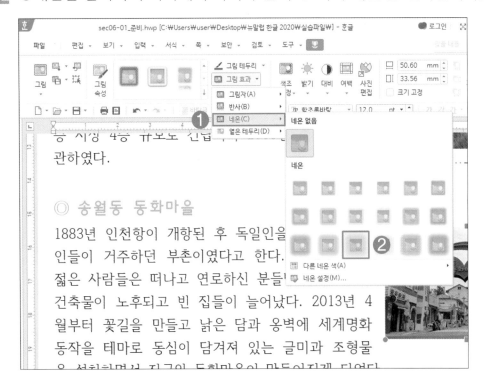

01 준비파일을 불러와 이미지를 추가하여 조건에 맞게 그림 효과를 지정해 보세요.

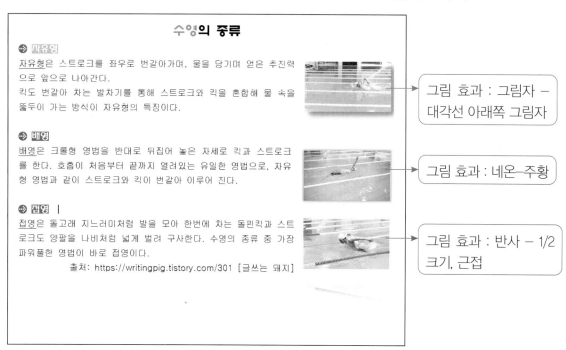

▲ 준비파일 : test_06_1_준비.hwp / 완성파일 : test_06_1_완성.hwp

02 준비파일을 불러와 이미지를 조건에 맞
게 지정해 보세요.

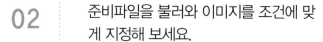

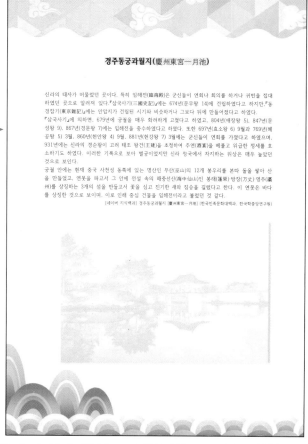

▲ 준비파일 : test_06_2_준비.hwp / 완성파일 : test_06_2_완성.hwp

07
SECTION
그리기마당 개체로 메뉴판 만들기

그리기마당은 한글 2020에서 제공하는 그림을 쉽게 삽입할 수 있는 기능입니다. 그리기마당에서는 그리기 조각이나 클립아트를 이용할 수 있습니다. 한글 2020에서 제공하는 그리기 조각이나 클립아트를 내려받기하여 문서에 삽입하고 개체에 효과를 주는 방법을 알아봅니다.

PREVIEW

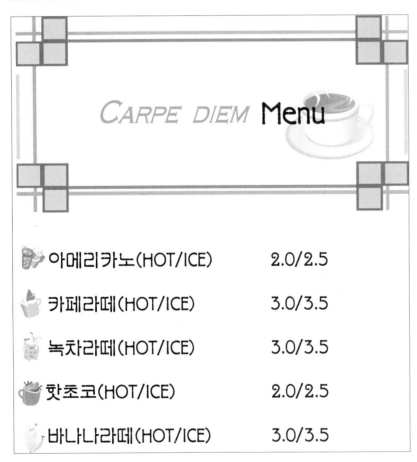

◀ 완성파일 : sec07-1_완성.hwp

학습내용

실습 01 개체 삽입하고 크기 조절하기

실습 02 클립아트 내려받고 삽입하기

실습 03 클립아트 회전하고 그림 효과주기

체크포인트

● 그리기 개체를 삽입하는 방법을 알아봅니다.

● 클립아트를 내려받아 문서에 삽입하는 방법을 알아봅니다.

● 클립아트에 효과를 주는 방법을 알아봅니다.

개체 삽입하고 크기 조절하기

· 용지 방향 설정하기 ·

01 한글 2020 파일을 실행하고 [새 문서 서식]의 [새 문서]를 더블클릭한 다음, ❶[파일] 탭의 ❷[편집 용지]를 클릭합니다.

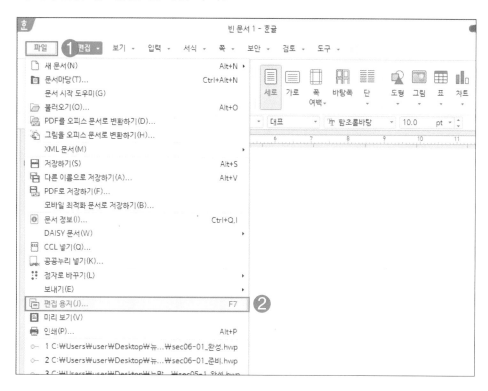

02 [편집 용지] 대화상자에서 ❶용지 방향을 '세로'로 선택한 후 ❷[설정]을 클릭합니다.

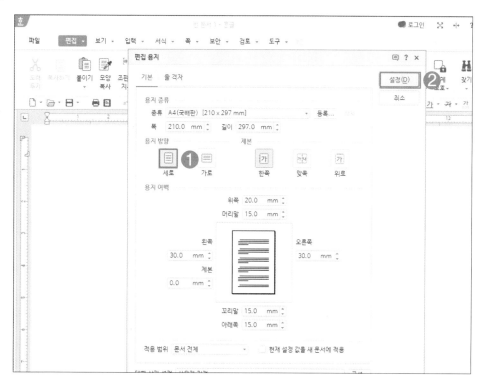

• 그리기마당의 그리기 조각 삽입하고 텍스트 입력하기 •

01 그리기 조각을 삽입하기 위해 ❶[입력] 탭의 ▼을 클릭하여 ❷[그림]−❸[그리기마당]을 클릭합니다.

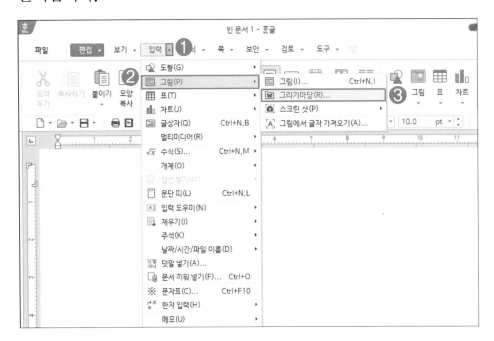

02 [그리기마당] 대화상자에서 [그리기 조각] 탭의 '선택할 꾸러미' 목록에서 ❶'설명상자(제목상자)'를 클릭합니다. 개체 목록에서 ❷'제목상자05'를 선택한 후 ❸[넣기]를 클릭합니다.

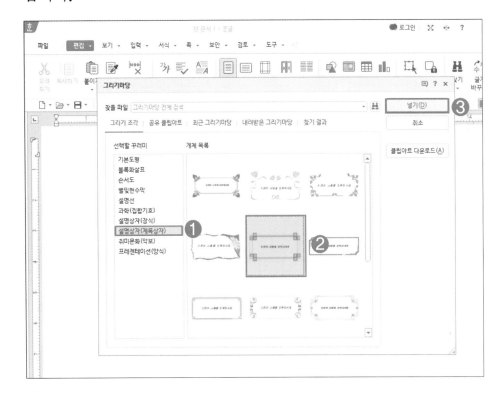

03 ❶마우스 포인터가 '+' 모양으로 변경되면 원하는 위치에서 마우스를 드래그하여 개체를 삽입합니다.

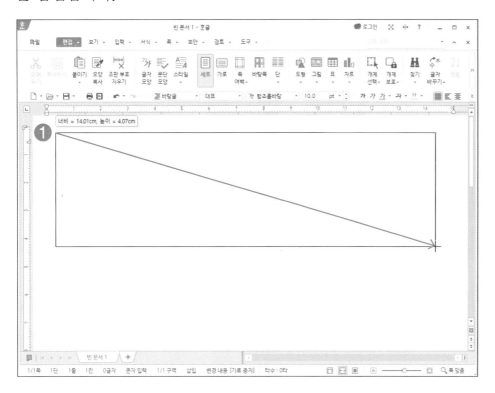

04 그리기 조각이 나타나면 '이곳에 내용을 입력하세요'라는 누름틀을 클릭하여 텍스트를 입력합니다.

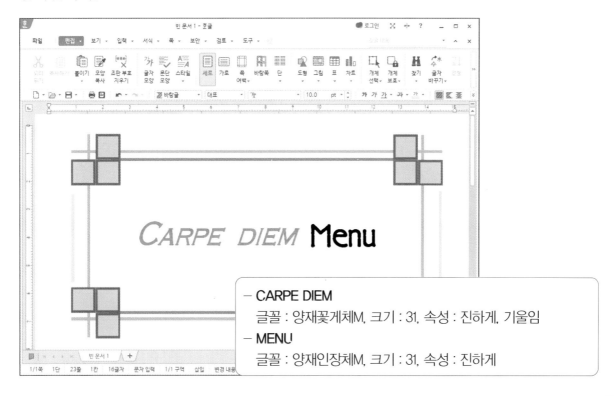

– CARPE DIEM
글꼴 : 양재꽃게체M, 크기 : 31, 속성 : 진하게, 기울임
– MENU
글꼴 : 양재인장체M, 크기 : 31, 속성 : 진하게

실습 02 클립아트 내려받고 삽입하기 ▪▪▪▪▪

• 한컴 애셋에서 클립아트 내려받기 •

01 한글 2020에서 제공하는 이미지를 내려받기하기 위해 ❶[도구] 탭의 ▼를 클릭하여 ❷ [한컴 애셋]을 선택합니다.

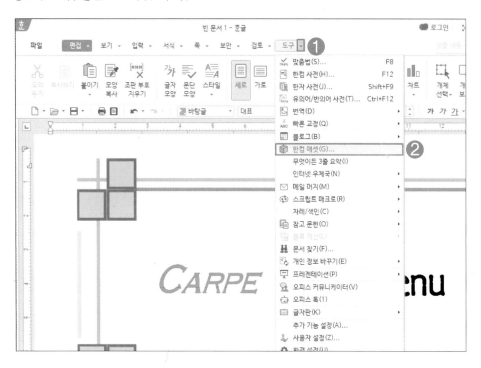

02 [한컴 애셋] 대화상자의 ❶[클립아트] 탭에서 검색 창에 ❷"핫초코"를 입력하여 검색합니다.

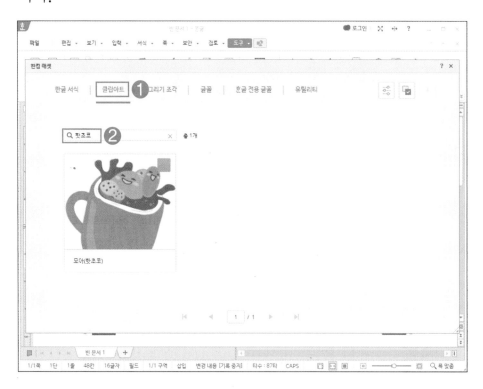

03 검색 결과 중에서 '모아(핫초코)'를 선택한 후 ❶[내려받기]를 클릭합니다.

04 같은 방법으로 '야야(녹차라떼)', '아모개(아이스아메리카노)', '육비(카페라떼)', '지지(바나나라떼)', '커피2'를 검색하여 내려받기를 합니다.

• 내려받은 클립아트 삽입하기 •

01 한컴 애셋에서 내려받은 개체를 삽입하기 위해 ❶[입력] 탭의 ▼을 클릭하고 ❷[그림]－ ❸[그리기마당]을 클릭합니다.

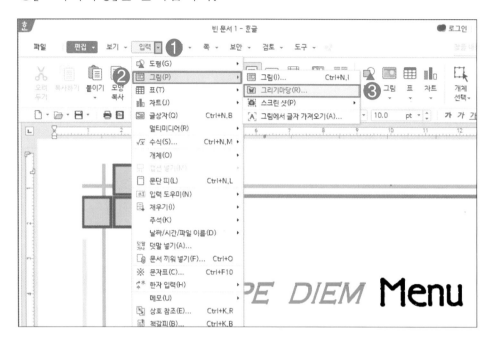

02 [그리기마당] 대화상자의 ❶[내려받은 그리기마당] 탭에서 ❷'공유 클립아트'의 '커피2' 를 선택하고 ❸[넣기]를 클릭합니다.

03 ❶마우스 포인터가 '+'로 바뀌면 원하는 위치로 마우스 포인터를 이동시키고 드래그하여 개체를 삽입합니다.

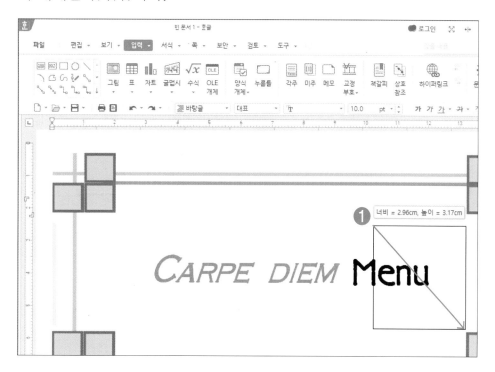

04 선택된 '커피2' 클립아트를 맨 뒤로 보내기 위해 ❶[그림] 탭의 ❷'뒤로'의 ▼를 클릭하여 ❸'맨 뒤로'를 선택합니다. 삽입된 그리기 조각을 제외한 빈 곳을 클릭하여 커서를 그리기 조각 밖으로 위치시킵니다.

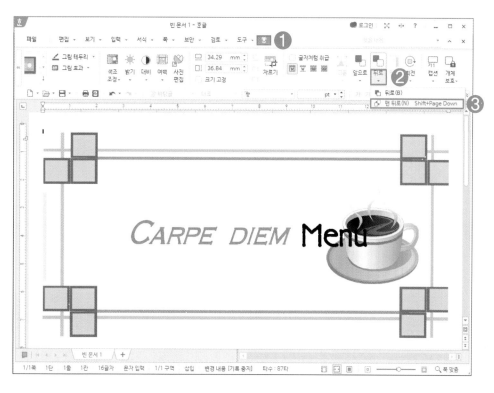

05 Enter 를 눌러 커서를 그리기 조각 밑으로 이동하여 위치시킵니다.

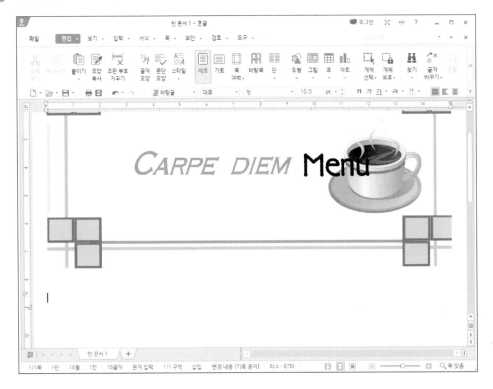

06 그림과 같이 조건에 맞추어 메뉴 종류를 입력합니다.

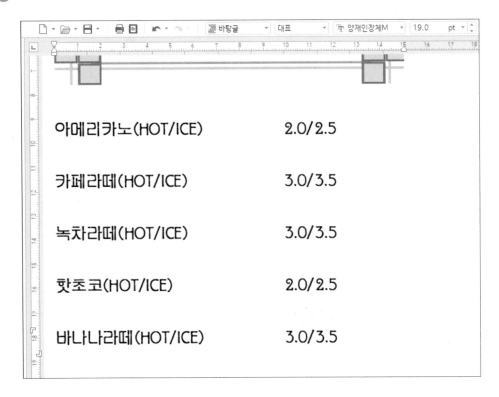

07 ❶입력한 텍스트 앞에 커서를 위치시킨 후 ❷[입력] 탭의 ▼을 클릭하고 ❸[그림]-❹ [그리기마당]을 클릭합니다.

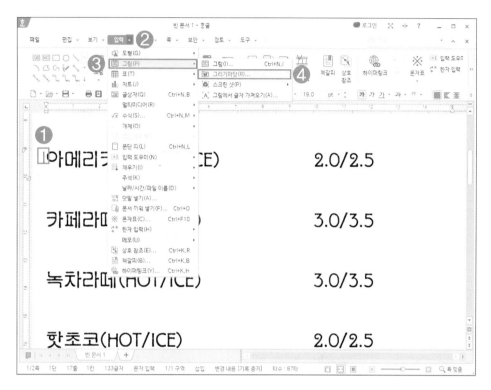

08 [그리기마당] 대화상자의 ❶[내려받은 그리기마당] 탭에서 ❷'공유 클립아트'의 '아모개 (아이스아메리카노)'를 선택하고 ❸[넣기]를 클릭합니다.

09 ❶마우스 포인터가 '+'로 바뀌면 원하는 위치로 마우스 포인터를 이동시키고 드래그하여 개체를 삽입합니다.

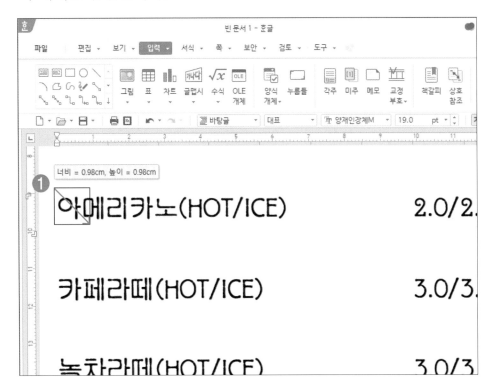

10 같은 방법으로 내려받기하여 클립아트를 각 메뉴에 맞게 삽입하고 위치를 조절합니다.

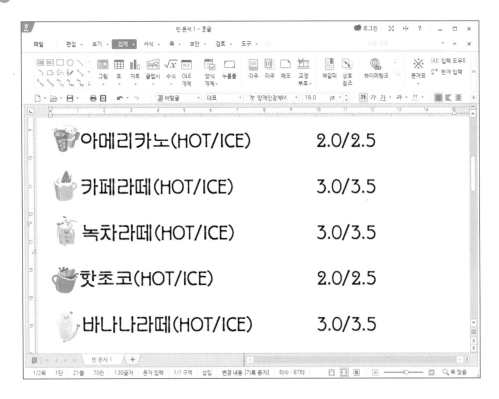

클립아트 회전하고 그림에 효과주기

• 개체 회전하기 •

01 삽입한 개체를 회전하기 위해 ❶개체를 클릭하고 기본 도구 상자에서 ❷[회전]의 ❸[개체 회전]을 선택합니다.

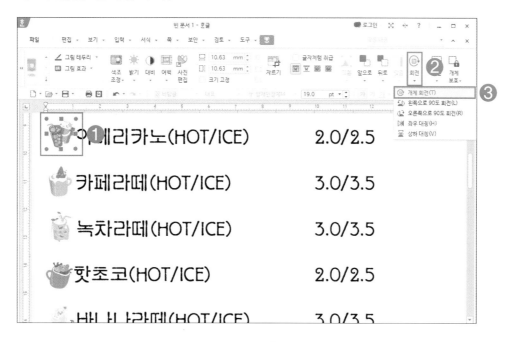

02 선택한 개체에 4개의 초록색 점(핸들러)이 표시됩니다. ❶마우스를 모서리로 이동하면 둥근 화살표 모양으로 변경됩니다. 이때 점을 원하는 방향으로 드래그하면 개체가 회전됩니다. 같은 방법으로 클립아트를 회전시킵니다.

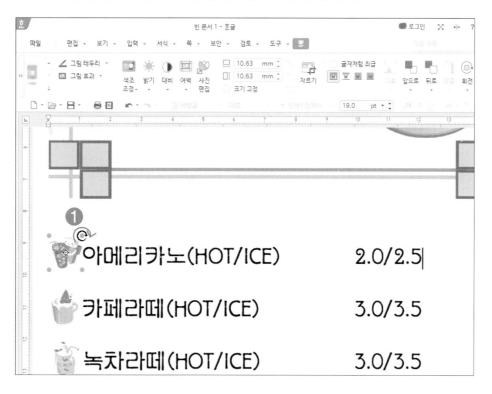

• 그림 효과주기 •

01 개체에 효과를 설정하기 위해 삽입한 ❶'커피2' 개체를 선택합니다. 마우스 오른쪽 버튼을 눌러 ❷[개체 속성]을 클릭합니다.

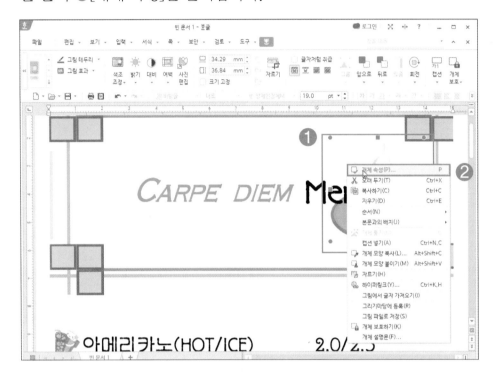

02 [개체 속성] 대화상자의 ❶[그림] 탭에서 ❷그림 효과의 밝기는 '40', 대비는 '-50'으로 입력하고 ❸[설정]을 클릭하여 저장합니다.

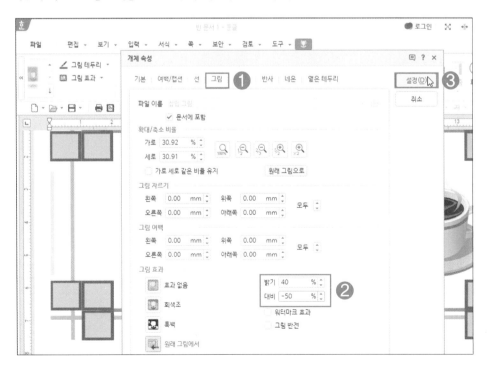

문제 풀어보기

01 한컴 애셋에서 클립아트를 내려받고, 그리기마당에서 개체를 삽입하여 완성해 보세요.

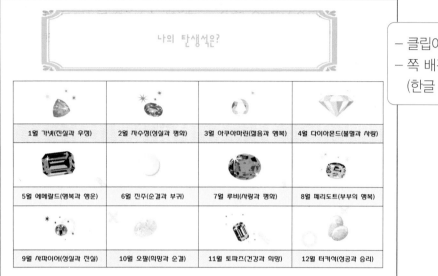

- 클립아트 : '1월'
- 쪽 배경 : 한컴 애셋
  (한글 서식) – '정리정돈'

▲ 완성파일 : test_07_1_완성.hwp

02 한컴 애셋에서 클립아트를 내려받고, 그리기마당에서 개체를 삽입하여 완성해 보세요.

- 그리기마당 공유 클립아트(과학) : '풍속 표시',
  '기후 표시'
- 쪽 배경 : 한컴 애셋(한글 서식) – 한컴 애셋
  '칭찬 상장1'

▲ 완성파일 : test_07_2_완성.hwp

08
SECTION
그리기 개체로 눈사람 만들기

편집 화면의 어느 곳에서나 마우스를 이용하여 선, 사각형, 원, 호와 같은 그리기 개체를 삽입할 수 있으며, 다양한 그리기 조각을 이용해 직접 그림을 그릴 수 있습니다. 직접 그린 개체를 [그리기마당]에 등록할 수 있습니다. 개체를 삽입하고 개체의 순서를 변경하는 방법을 알아봅니다.

PREVIEW

▲ 완성파일 : sec08-1_완성.hwp

학습내용

실습 01 개체 삽입하고 크기 조절하기

실습 02 개체 색상 변경하기

실습 03 점선 삽입하고 개체 순서 변경하기

체크포인트

● 개체를 삽입하고 크기를 조절하는 방법을 알아봅니다.

● 개체의 색상을 변경하는 방법을 알아봅니다.

● 개체의 순서를 변경하는 방법을 알아봅니다.

실습 01 개체 삽입하고 크기 조절하기

• 도형 삽입하기 •

01 한글 2020을 실행하고 새 문서를 불러옵니다. 도형을 삽입하기 위해 ❶[입력] 탭의 ▼ 을 클릭하여 ❷[도형]-❸[다른 그리기 조각]을 선택합니다.

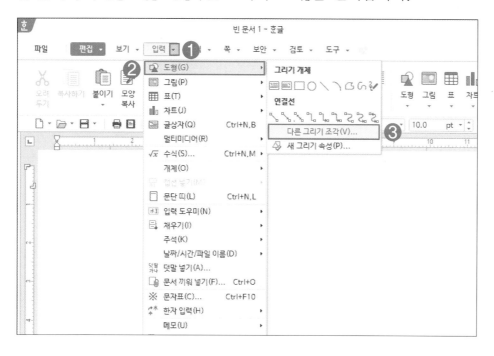

02 [그리기마당] 대화상자의 ❶[그리기 조각] 탭에서 ❷[기본도형]을 선택합니다. 개체 목 록에서 ❸'타원'을 선택하고 ❹[넣기]를 클릭합니다.

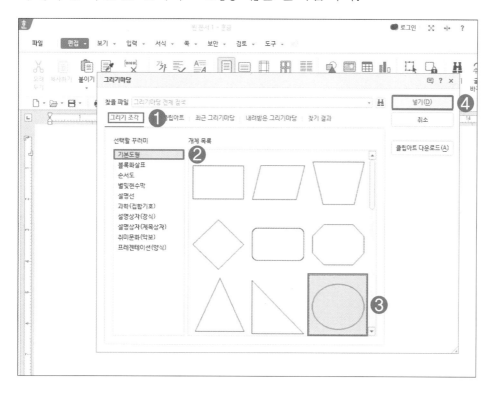

03 마우스 커서 모양이 +로 변경되면 드래그하여 개체를 삽입합니다. 개체의 모양과 크기를 조절하기 위해 개체를 선택하고 조절점으로 비율을 조절합니다.

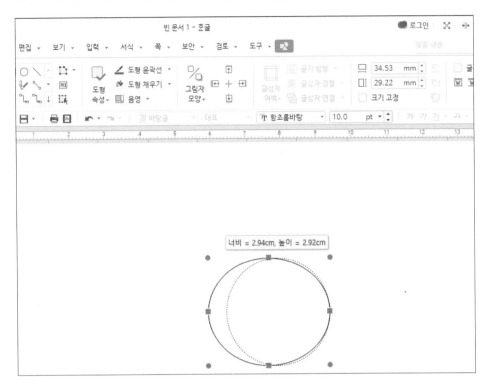

04 개체를 복사하기 위해 타원 개체를 클릭하고 ￼ Ctrl ￼을 누른 상태에서 아래로 드래그하여 복사합니다. 삽입된 개체의 크기를 조절합니다.

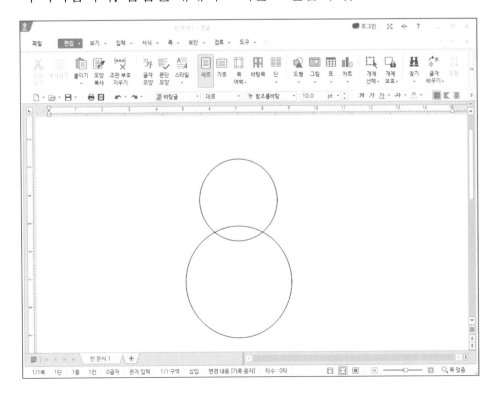

05 그림과 같이 [다른 그리기 조각]을 이용하여 그립니다.

모자 : [기본도형] – '이등변 삼각형', '타원'
눈 : [별빛현수막] – '포인트가 4개인별'
입 : [기본도형] – '타원'
팔 : [기본도형] – '번개'
단추: [기본도형] – '육각형'

06 왼쪽 팔의 방향을 바꾸기 위해 오른쪽 '번개' 도형을 선택합니다. ❶[도형] 탭(■)에서
❷회전의 ▼을 클릭하여 ❸[좌우 대칭]을 선택한 후 위치를 조절합니다

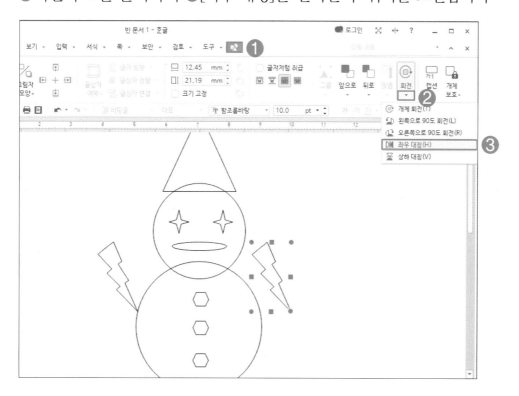

실습
02 **개체 색상 변경하기**

• 색상 변경하기 •

01 개체 두 개를 선택하기 위해 위에 있는 타원을 선택하고 Shift 를 누른 상태에서 아래에 있는 타원을 선택합니다.

02 두 타원에 색을 채우기 위해 ❶[도형] 탭(　)의 ❷[도형 채우기]의 ▼을 클릭하여 ❸'하양'을 선택합니다.

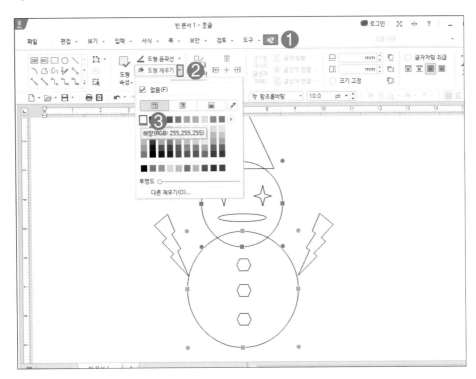

03 단추의 색상을 채우기 위해 첫 번째 육각형을 선택한 후 Shift 를 누른 상태에서 두 번째와 세 번째를 연속으로 클릭하여 선택합니다.

04 ❶[도형] 탭(🔷)의 ❷[도형 채우기]의 ▼을 클릭하여 ❸'보라'를 선택합니다. 같은 방법으로 다른 개체들도 색상을 채워줍니다.

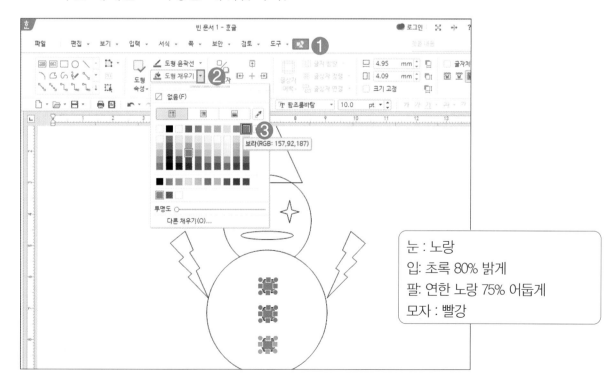

> 눈 : 노랑
> 입 : 초록 80% 밝게
> 팔 : 연한 노랑 75% 어둡게
> 모자 : 빨강

점선 삽입하고 개체 순서 변경하기

· 호로 점선 삽입하기 ·

01 모자에 점선을 삽입하기 위해 ❶[입력] 탭의 [개체]에서 ❷[호]를 선택한 후 ❸삼각형 위에서 드래그합니다.

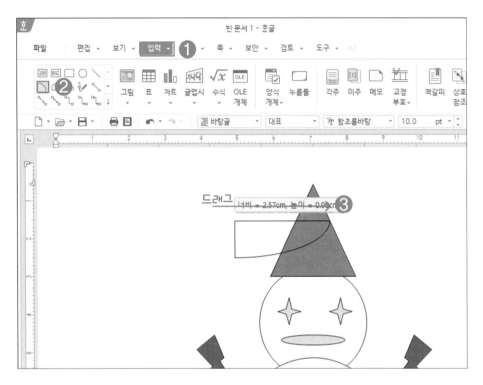

02 삽입한 ❶호를 선택하고 마우스 오른쪽 버튼를 눌러 ❷[개체 속성]을 클릭합니다.

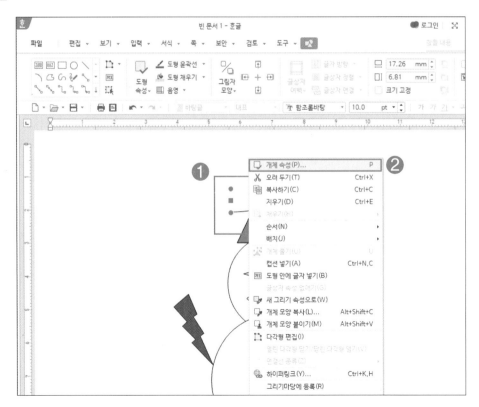

03 [개체 속성] 대화상자의 ❶[채우기] 탭에서 ❷'색 채우기 없음'을 클릭하여 개체 색을 지웁니다.

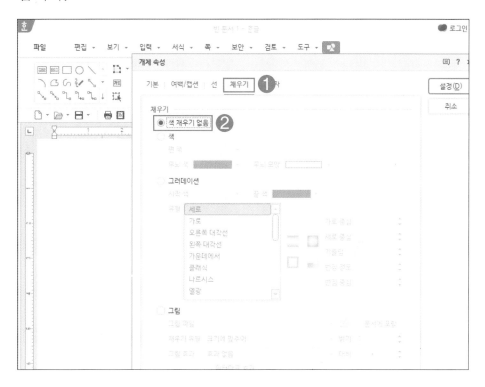

04 선을 수정하기 위해 ❶[선] 탭에서 ❷선의 색은 '노랑', 종류는 '원형 점선', 굵기는 '1.5'로 선택한 후 ❸[설정]을 클릭합니다.

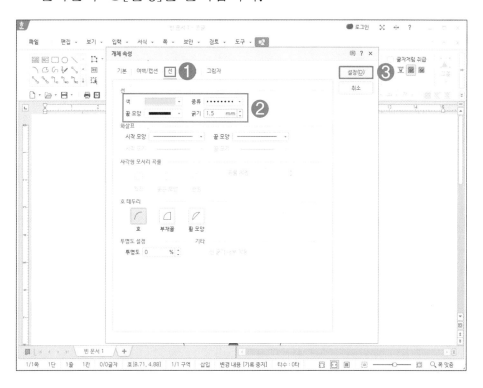

05 도형이 노란색 점선으로 표시되면 여러 개 복사한 후 모자의 폭에 맞게 마우스로 드래그하여 조절하면서 장식합니다.

• 개체 순서 변경하기 •

01 아래 몸통과 단추, 팔의 순서를 변경하기 위해 ❶ Shift 를 누른 상태에서 아래 몸통과 단추, 팔을 클릭하여 선택합니다. 마우스 오른쪽 버튼를 클릭하여 ❷[순서]-❸[맨 뒤로]를 선택합니다.

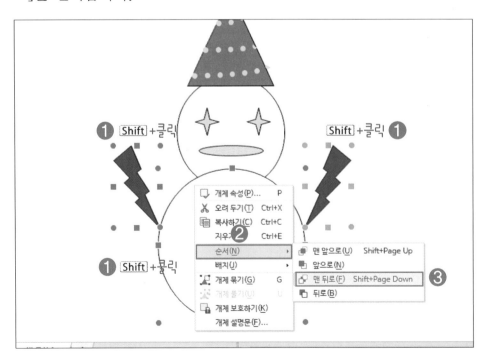

그리기마당에 등록하기

• 개체 등록하기 •

01 모든 개체를 묶기 위해 ❶[편집] 탭의 [개체 선택]을 클릭하여 화면의 빈 곳부터 드래그
하여 개체를 선택합니다. ❷[도형] 탭( )의 ❸[그룹]을 클릭하여 '개체 묶기'를 선택합
니다. [개체묶기 실행 여부] 대화상자가 나타나면 [실행]을 클릭합니다.

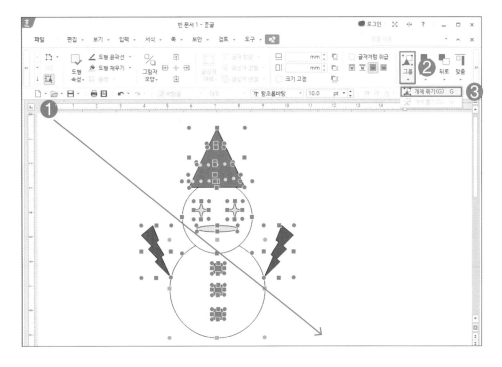

02 개체가 묶이면 마우스 오른쪽 버튼을 클릭하고 ❶[그리기마당에 등록]을 선택합니다.

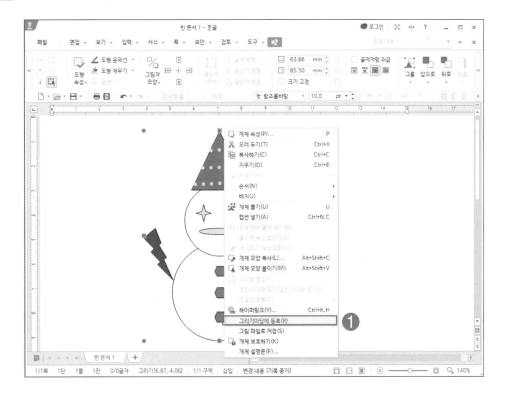

03 [그리기조각 등록] 대화상자에서 ❶등록할 꾸러미 목록에 '설명상자(장식), 이름에 '눈
사람'을 입력하고 ❷[등록]을 클릭합니다.

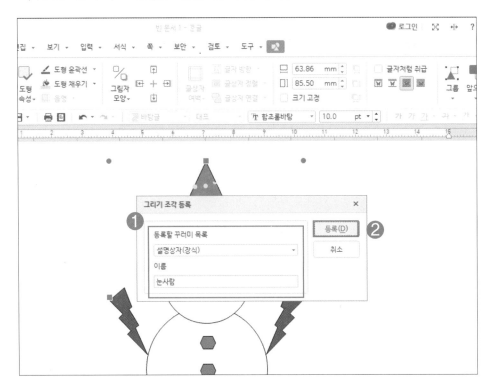

04 ❶[입력] 탭의 ❷[그림]의 ▼을 클릭하여 ❸[그리기마당]을 선택합니다. [그리기마당]
대화상자의 [그리기 조각] 탭에서 ❹'설명상자(장식)' 꾸러미를 클릭하면 개체가 등록된
것을 확인할 수 있습니다.

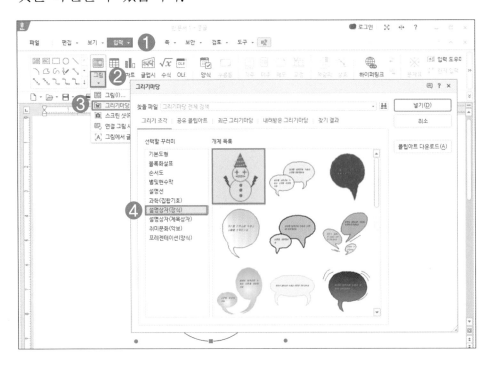

01 그리기 개체를 이용하여 그림을 완성해 보세요

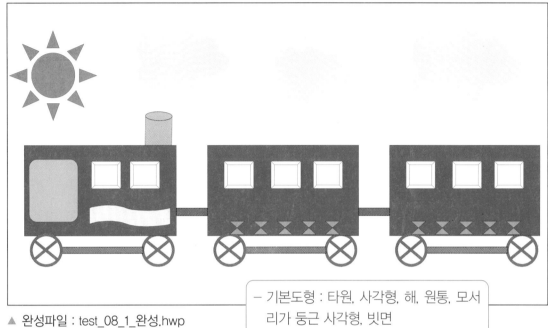

▲ 완성파일 : test_08_1_완성.hwp

- 기본도형 : 타원, 사각형, 해, 원통, 모서
  리가 둥근 사각형, 빗면
- 순서도 : 천공테이프, 가산접합, 대조

02 그리기 개체를 이용하여 그림을 완성해 보세요

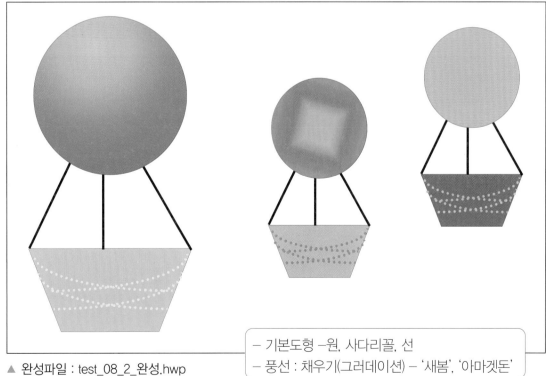

▲ 완성파일 : test_08_2_완성.hwp

- 기본도형 −원, 사다리꼴, 선
- 풍선 : 채우기(그러데이션) − '새봄', '아마겟돈'

09

SECTION

문서마당으로 초대장 만들기

문서마당은 필요할 때마다 문서마당 꾸러미에서 불러와 사용할 수 있는 템플릿 방식의 기능입니다. 한글을 처음 사용하는 사용자도 필요한 용도에 따라 선택하여 내용에 어울리는 문서로 쉽고 빠르게 변경하여 만들 수 있습니다. 문서마당을 이용하여 지도를 삽입하여 초대장을 만드는 방법을 알아봅니다.

PREVIEW

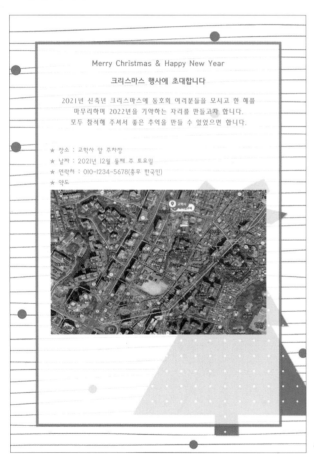

◀ 완성파일 : sec09-1_완성.hwp

학습내용

실습 01 문서마당으로 문서 불러오기

실습 02 지도 찾고 삽입하기

실습 03 문서 미리보고 인쇄하기

체크포인트

● 문서마당을 불러오는 방법을 알아봅니다.

● 포털사이트에서 지도를 찾고 삽입하는 방법을 알아봅니다.

● 작성한 문서를 인쇄하는 방법을 알아봅니다.

문서마당으로 문서 불러오기

· 문서마당 불러오기 ·

01 한글 화면에서 ❶[파일]을 클릭하고 ❷[문서마당]을 선택합니다.

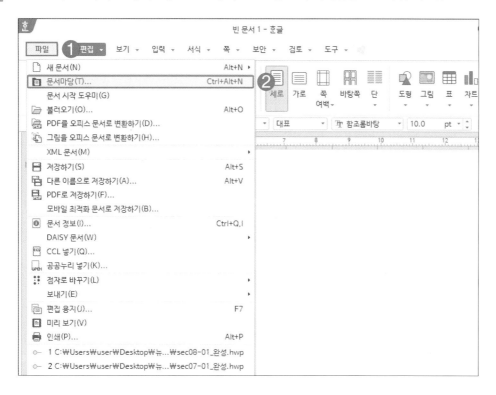

02 [문서마당] 대화상자에서 ❶[문서마당 꾸러미] 탭을 선택하고 ❷'기본 문서'를 선택합니다. ❸서식 파일에서 '크리스마스 인사말'을 선택하고 ❹[열기]를 클릭합니다.

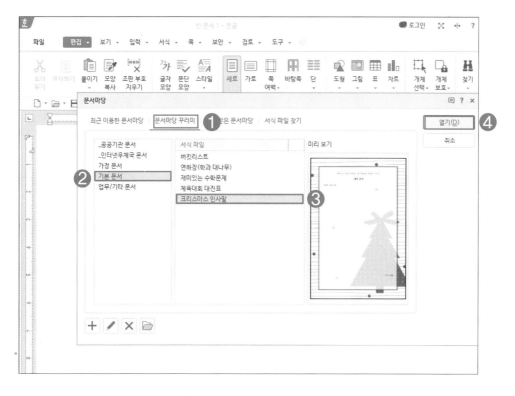

• 문서 입력하기 •

01 문서 본문에서 제목을 수정하기 위해 ❶'제목 입력'을 클릭합니다.

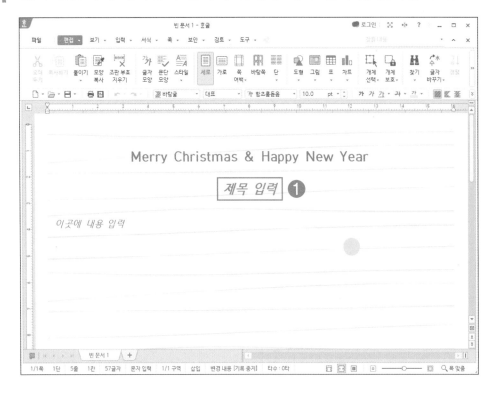

02 선택한 '제목 입력'의 글자가 사라지고 『』(누름틀) 모양 안에 커서만 생깁니다. 이 때 본문의 다른 곳을 클릭하면 다시 '제목 입력'이 표시됩니다. 즉, 수정하고 싶은 내용부분만 『』(누름틀) 모양으로 변합니다.

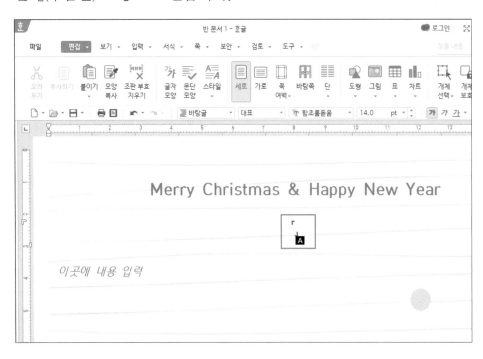

03 '제목 입력'을 클릭하여 『』(누름틀) 모양에 ❶'크리스마스 행사에 초대합니다'를 입력하고 ❷『』(누름틀) 밖을 클릭합니다.

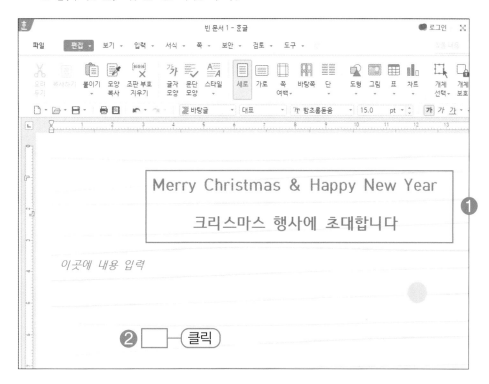

04 본문 내용을 입력하기 위하여 본문의 '이곳에 내용 입력'을 클릭합니다.

05 『』(누름틀) 모양에 내용을 다음과 같이 입력합니다.

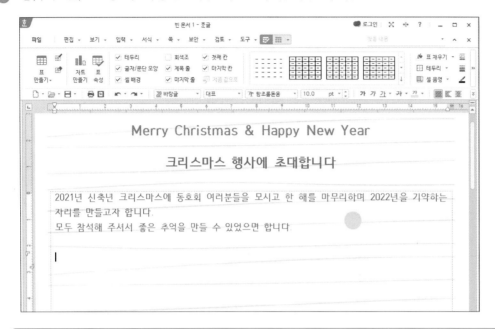

2021년 신축년 크리스마스에 동호회 여러분들을 모시고 한 해를 마무리하며 2022년을 기약하는 자리를 만들고자 합니다.
모두 참석해 주셔서 좋은 추억을 만들 수 있었으면 합니다.

06 장소와 날짜, 연락처, 약도를 입력합니다.

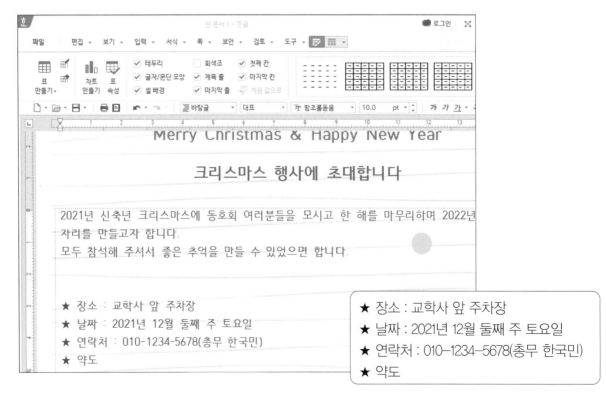

★ 장소 : 교학사 앞 주차장
★ 날짜 : 2021년 12월 둘째 주 토요일
★ 연락처 : 010-1234-5678(총무 한국민)
★ 약도

· 글꼴 크기와 색상 변경하기 ·

01 본문을 블록으로 지정한 후 ❶글꼴은 'HY크리스탈M', 글자 크기 '13', ❷정렬은 '가운데 정렬'로 선택합니다. ❸글자 색을 클릭하여 '초록'으로 선택합니다

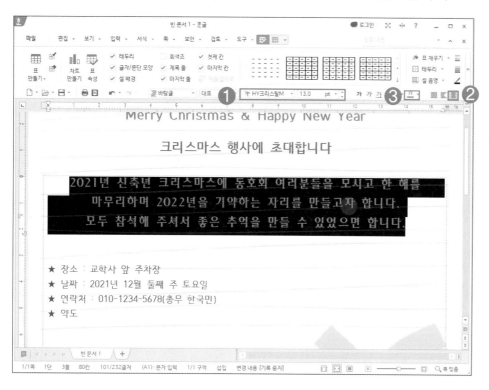

02 장소, 날짜, 연락처도 글꼴과 크기, 글자 색을 변경합니다.

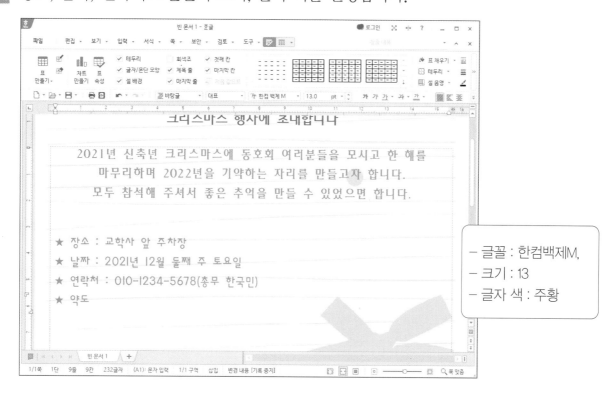

> – 글꼴 : 한컴백제M,
> – 크기 : 13
> – 글자 색 : 주황

지도 찾고 삽입하기

· 지도 찾기 ·

01 검색 포털 사이트에 접속합니다. 본 교재는 네이버에 접속하였습니다.

02 ❶검색 창에 "네이버 지도"를 입력하고 키보드의 Enter 를 누르거나 ❷돋보기를 클릭합니다.

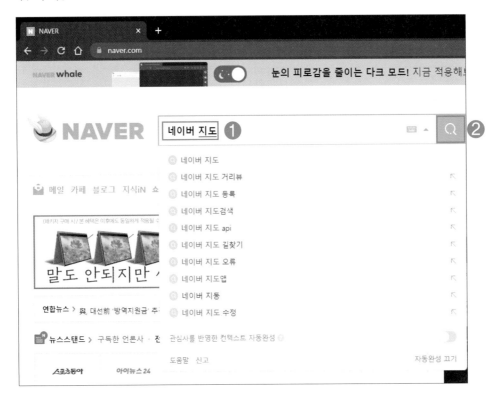

03 검색 결과에서 ❶'네이버 지도'를 클릭합니다.

04 네이버 지도가 브라우저에서 열립니다. 지도 검색 창에 ❶"교학사"를 입력하고 Enter 를 누릅니다.

05 검색 결과 목록에서 ❶선택하고자 하는 장소를 클릭합니다.

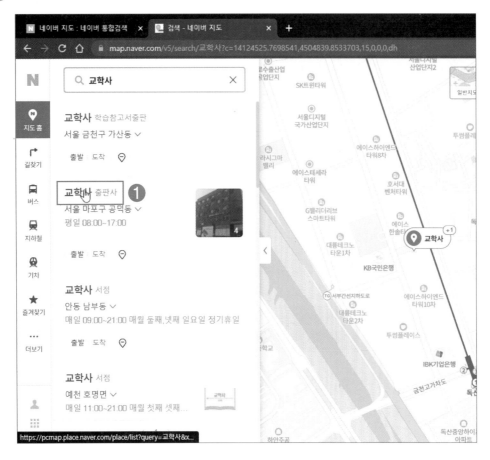

06 마우스 휠을 움직여 지도를 확대하고 위치도 조절합니다.

• 지도 저장하기 •

01 우측 상단에 일반지도와 위성지도, 지형지도가 있습니다. 여기서는 ❶[위성지도]를 클릭합니다.

02 지도의 이미지가 구체적으로 나타납니다. ❶[저장]을 클릭하여 지도 이미지를 내려받기합니다.

여기에서는 크롬 브라우저에서 지도를 내려받기하여 저장하였습니다. 사용자의 컴퓨터에 설치되어 있는 브라우저에 따라 저장방법이 다를 수 있습니다.

지도 삽입하기

01 작업표시줄에 있는 한글 파일을 클릭하여 약도 뒤에 커서를 위치시킨 후 ❶ Enter 를 눌러 커서를 이동합니다. ❷[입력] 탭의 ▼를 클릭하여 ❸[그림]을 클릭하여 ❹[그림]을 선택합니다.

02 [그림 넣기] 대화상자에서 내려받기한 폴더를 선택합니다. ❶저장한 지도 이미지를 찾아 ❷[열기]를 클릭합니다.

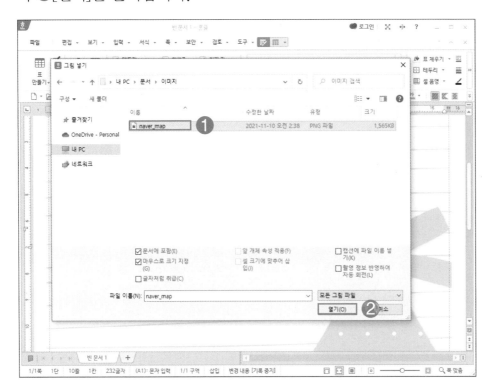

03 그림과 같이 커서 위치에서 마우스로 드래그하여 그림의 크기를 지정합니다.

04 크기가 조절된 그림 위에서 마우스 오른쪽 버튼를 눌러 바로가기 메뉴에서 ❶[개체 속성]을 클릭합니다.

05 [개체 속성] 탭에서 [기본] 탭의 ❶[위치]에서 '글자처럼 취급'을 선택하고 ❷[설정]을 클릭합니다.

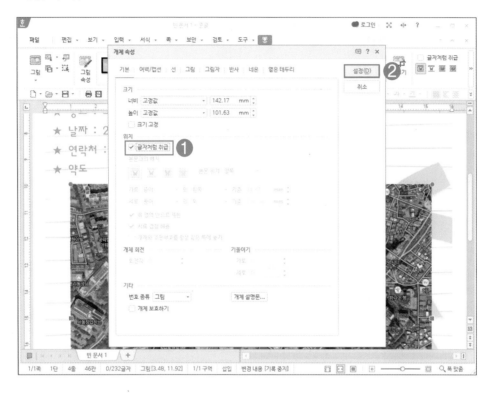

06 그림의 속성이 변경되었습니다. 그림 옆에 커서를 위치시킨 후 기본 도구 상자에서 ❶ '가운데 정렬'을 클릭합니다.

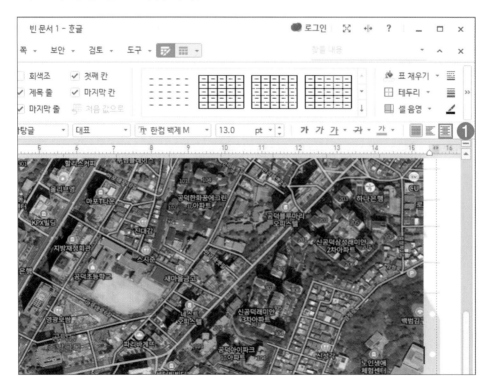

07 작업한 파일을 저장하기 위하여 ❶[파일] 탭의 ❷[다른 이름으로 저장]을 클릭합니다.

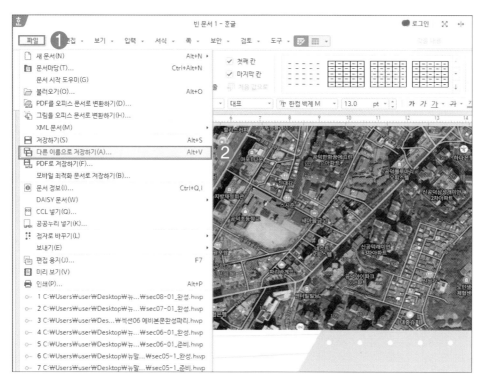

08 [다른 이름으로 저장하기] 대화상자가 나타나면 '한글 2020 연습' 폴더를 더블클릭하여
파일 이름을 ❶'초대장'으로 입력한 후 ❷[저장]을 클릭합니다.

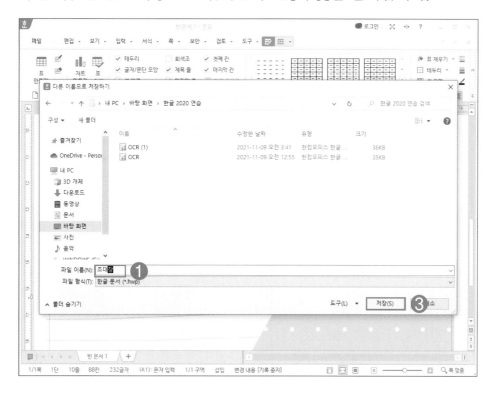

105

09 저장이 완료되면 한글 2020 문서의 제목 표시줄에 입력한 파일 이름이 나타납니다.

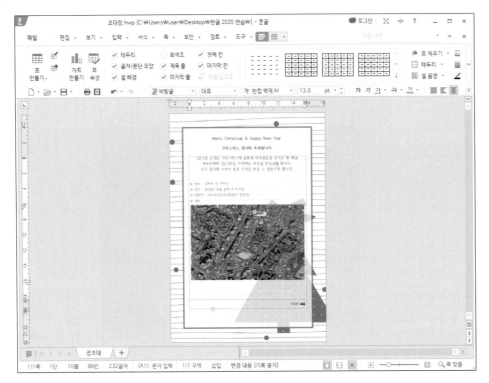

알아두기 | **[개체 속성] 대화상자의 [위치] 탭 항목 알아보기**

❶ **글자처럼 취급**

• 개체를 보통 글자와 같이 취급합니다. 따라서 글을 입력하거나 지우는 대로 개체의 위치가 같이 변합니다.

❷ **본문과의 배치**

• 어울림(▥) : 개체와 본문이 같은 줄을 나누어서 쓰며, 서로 침범하지 않고 본문이 개체에 자연스럽게 흐르듯 어울리게 배치합니다.

• 자리차지(▥) : 개체가 개체의 높이만큼 줄을 차지하고 있기 때문에 개체가 차지하고 있는 영역에는 본문이 배치되지 못합니다.

• 글 앞으로(▥) : 개체가 없는 것처럼 본문이 채워지고, 개체는 본문이 덮이도록 본문 위에 배치합니다.

• 글 뒤로(▥) : 개체가 없는 것처럼 본문이 채워지고, 개체는 본문의 배경처럼 사용합니다.

❸ **본문 위치**

• 본문과의 배치를 '어울림'으로 지정했을 때 본문의 개체의 어느 쪽에 흐르도록 할 것인지 설정합니다.

실습 03 문서 미리보고 인쇄하기

• 문서 미리보기 •

01 인쇄하기 전에 화면을 미리보기하기 위하여 ❶[파일] 탭의 ❷[미리보기]를 클릭합니다.

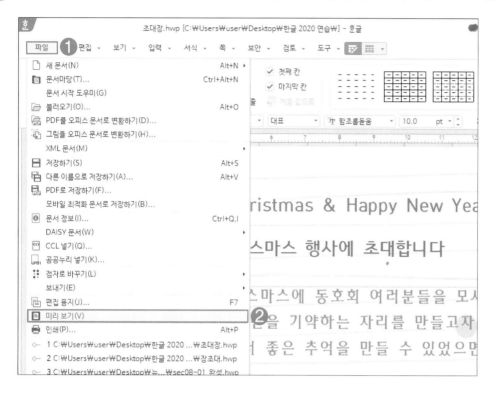

02 '미리보기' 창이 나타납니다. 편집 용지 설정을 하기 위해 ❶[확대/축소]에서 '쪽 맞춤' 을 선택하고 ❷[편집 용지]를 클릭합니다.

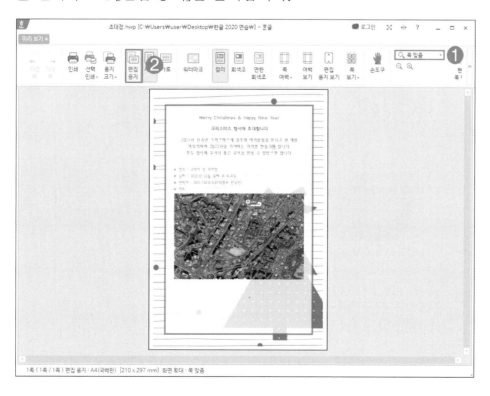

03 [편집 용지] 대화상자에서 용지의 종류, 용지의 인쇄 방향, 제본 모양, 편집 용지 여백 등을 설정합니다.

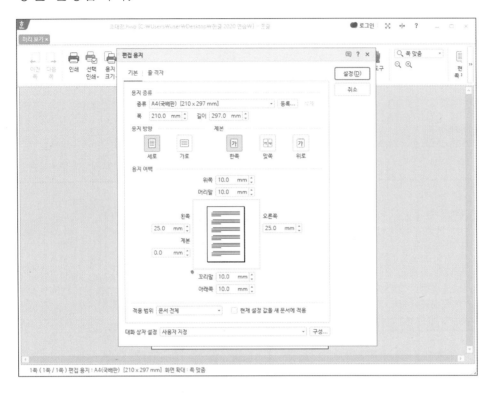

04 인쇄를 하기 위해 ❶[인쇄]를 클릭합니다. [인쇄] 대화상자에서 ❷사용 중인 컴퓨터와 연결된 프린터를 선택하고 ❸[인쇄]를 클릭합니다

프린트 선택은 사용자의 프린터에 따라 이름이 달라질 수 있습니다.

01 문서마당에서 '가족 일정표'를 불러와 텍스트를 입력하여 완성해 보세요.

▲ 완성파일 : test_09_1_완성.hwp

02 문서마당에서 '주간 식단표1'을 불러와 텍스트를 입력하여 완성해 보세요.

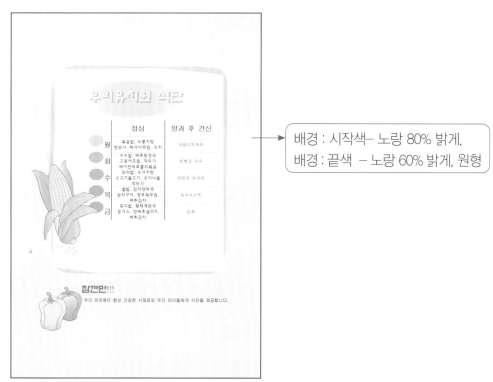

배경 : 시작색– 노랑 80% 밝게,
배경 : 끝색 – 노랑 60% 밝게, 원형

▲ 완성파일 : test_09_2_완성.hwp

10

SECTION

팜플렛을 다단으로 만들기

다단은 팜플렛이나 신문 등과 같이 여러 개의 단으로 나누어 읽기 쉽도록 만드는 것입니다. 다단으로 문서를 작성하면 문서가 깔끔해지고 많은 내용을 한번에 볼 수 있는 장점이 있습니다. 다단을 구성하고 이미지를 삽입하여 팜플렛을 만드는 방법을 알아봅니다.

PREVIEW

좋아하는 음식을 보면 사람의 성격이 보인다.

삶은 음식을 좋아하는 타입

매우 견실하고 안정된 타입이다. 라이프 사이클을 생각하며 생활설계를 정확히 실천하는 실속파이기도 하다. 고지식한 면이 있지만 상사로부터 신임을 받는 타입이다.
따라서 이 타입의 남자는 남편감으로서 최고다. 화려한 면도 없고 사교도 서툴다. 이른바 출세지향적인 타입도 아니어서 아내에게는 답답한 느낌이 들지 모른다. 그러나 가정을 중요시 여기는 견실한 남자임에는 틀림없다. 여자인 경우는 가정적이고 알뜰한 아내형이다. 세심하고 매사에 자상하여 남편과 아이들에게 봉사하는 타입이지만 중년이 되면 나태해지기 쉽다.

구운 음식을 좋아하는 타입

수동적이며 착실하고 부지런한 성격이다. 남의 어려운 일에 대해 발 벗고 나서는 성실파이기도 하다. 그런 까닭에 친구도 많다.
이 타입의 남자는 원만한 성격으로 가정도 소중히 여기고 가사도 거들어 준다. 그러나 좀 지나치게 평범해서 싫증이 쉬 올 수도 있다.
여자인 경우는 화려한 생활보다는 평범하고 안정된 생활을 바란다. 시대에 약간 뒤떨어지지만 수수함 속에 그녀의 진면목이 있는 진정한 아내감이다.

김치 같은 토종 음식을 좋아하는 타입

정감있고 애정이 넘치는 타입이다. 하지만 맺고 끊는 것이 부정확한 경우가 많아 우유부단하다는 소리를 듣기도 한다.
이 타입의 남자인 경우는 친절하고 유머와 센스가 있지만 내심은 독재적인 남자이기를 희망한다. 특히 아내가 될 사람은 자기 어머니를 잘 모실 여성을 구하는 경향이 있다.
여자인 경우는 전형적인 현모양처를 동경하는 타입이다. 정신적으로도 안정되어 있어 남과의 접촉도 원만하다.

<출처 : 건강 다이제스트 2003년 2월호>

▲ 완성파일 : sec10-1_완성.hwp

학습내용

실습 01 편집 용지 설정하기

실습 02 다단 설정하기

실습 03 이미지 삽입하기

체크포인트

● 용지를 설정하는 방법을 알아봅니다.

● 단락을 설정하는 방법을 알아봅니다.

● 이미지를 삽입하고 효과를 주는 방법을 알아봅니다.

편집 용지 설정하기

· 편집 용지 설정하기 ·

▼ 준비파일 : sec10-1_준비.hwp

01 준비파일을 불러와 [파일] 탭의 [편집 용지]를 클릭하거나 F7 을 눌러 [편집 용지] 대화
상자를 실행합니다.

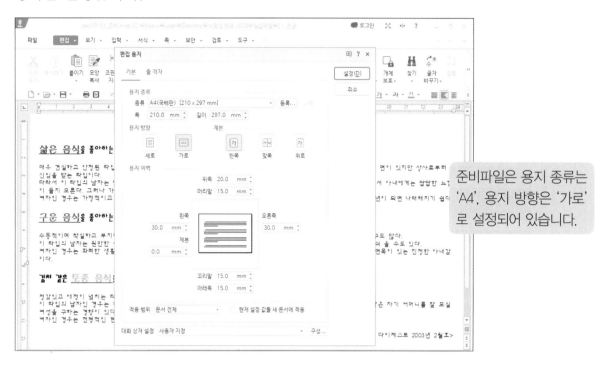

> 준비파일은 용지 종류는
> 'A4', 용지 방향은 '가로'
> 로 설정되어 있습니다.

02 용지 여백을 설정하기 위해 [편집 용지] 대화상자에서 ❶용지 여백의 왼쪽, 오른쪽, 위
쪽, 아래쪽은 '10', 머리말과 꼬리말은 '0'으로 입력하고 ❷[설정]을 클릭합니다.

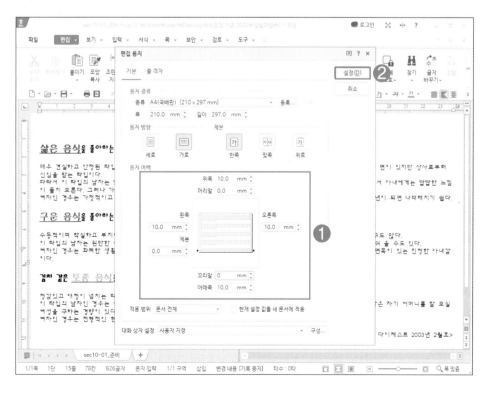

다단 설정하기

• 다단으로 구분하기 •

01 제목을 제외한 본문을 블록으로 지정합니다. ❶[쪽] 탭의 ▼를 클릭하여 ❷[단]에서 ❸ [다단 설정]을 선택합니다.

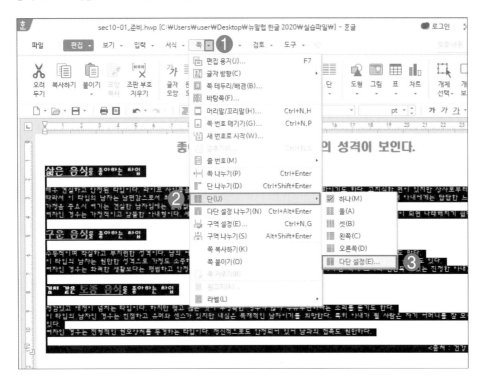

02 [단 설정] 대화상자에서 ❶자주 쓰이는 모양을 '셋'으로 선택하거나 단 개수에 원하는 단 개수를 입력합니다.

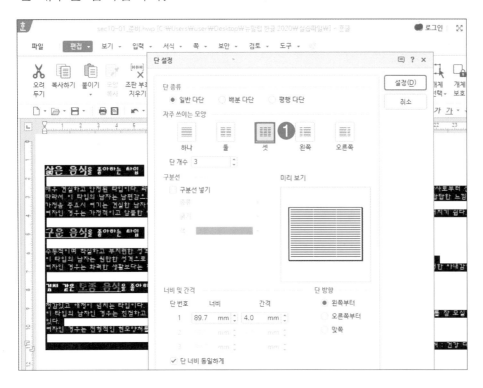

03 구분선에 ❶'구분선 넣기'를 클릭한 후 ❷종류는 '원형 점선', 색은 '하양 25% 어둡게'를 선택하고 ❸[설정]을 클릭합니다.

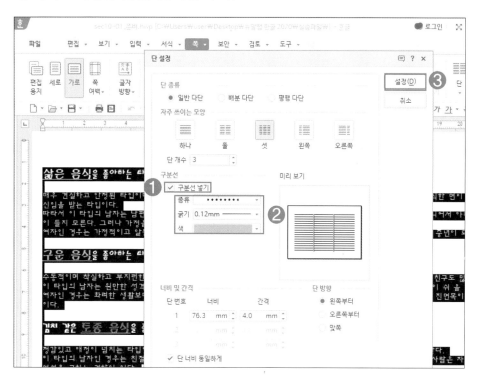

04 제목을 제외한 본문에 3개의 단으로 구분됩니다.

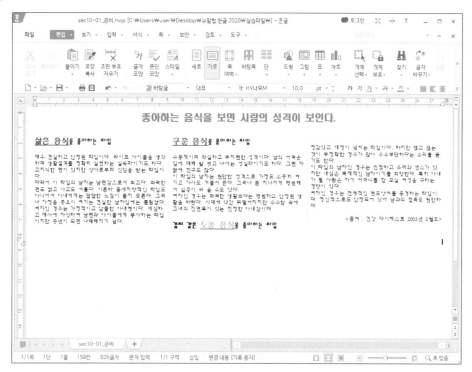

이미지 삽입하기

• 이미지 삽입하기 •

01 이미지를 삽입하기 위해 ❶첫 번째 단 제목 밑에 마우스 커서를 위치시키고 Enter 를 누릅니다. ❷[입력] 탭의 ▼를 클릭하여 ❸[그림]의 ❹[그림]을 선택합니다.

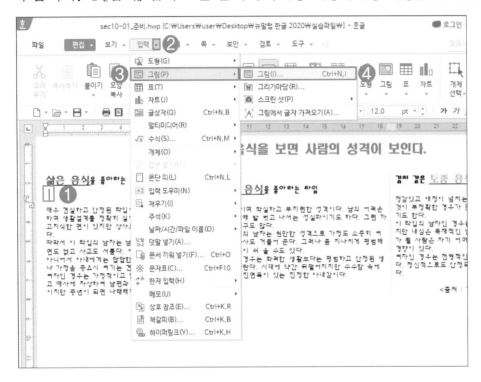

02 [그림 넣기] 대화상자에서 ❶'삶은음식.jpg'를 선택하고 ❷[열기]를 클릭합니다.

03 ❶마우스 커서가 +로 변경되면 드래그하여 이미지를 삽입합니다.

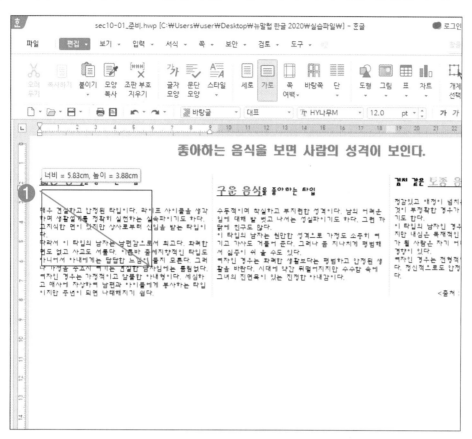

04 이미지를 선택하고 크기를 본문과 어울리게 조절합니다.

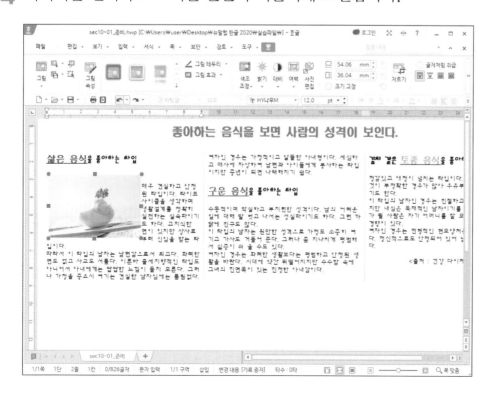

05 ❶이미지를 선택하고 마우스 오른쪽 버튼을 눌러 ❷[개체 속성]을 클릭합니다. ❸[개체 속성] 대화상자에서 '글자처럼 취급'을 선택하고 ❹[설정]을 클릭합니다.

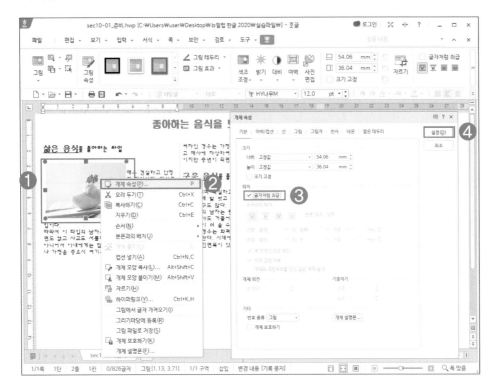

06 그림 뒤에 커서를 위치시키고 서식 도구 상자에서 ❶'가운데 정렬'을 클릭하여 이미지를 정렬합니다.

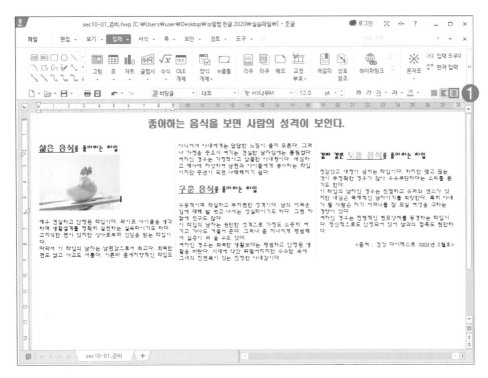

07 이미지를 클릭하여❶ Ctrl + C 를 눌러 복사합니다. ❷두 번째 단의 제목 밑에 마우
스 커서를 위치시키고 Enter 를 누릅니다

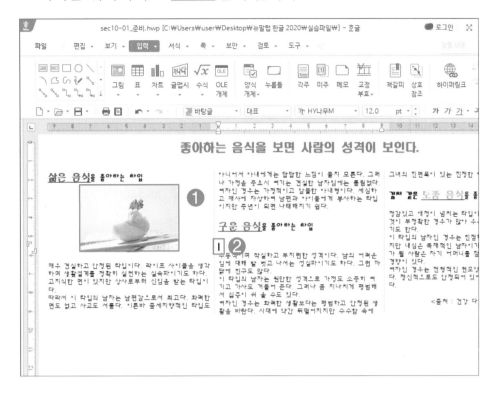

08 윗 줄에 마우스 커서를 이동시키고 Ctrl + V 를 눌러 이미지를 붙여넣습니다.

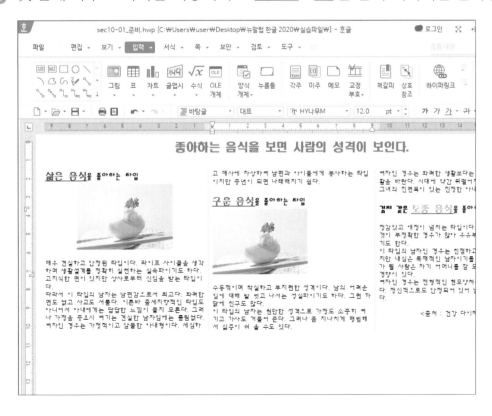

09 이미지 뒤에 커서를 위치시키고 서식 도구 상자에서 ❶'가운데 정렬'을 클릭하여 이미지를 정렬합니다.

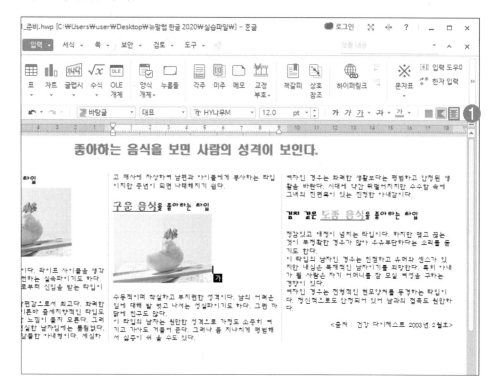

10 세 번째 단의 제목 밑에 마우스 커서를 위치시키고 Enter를 누릅니다. 08~09의 과정을 반복합니다.

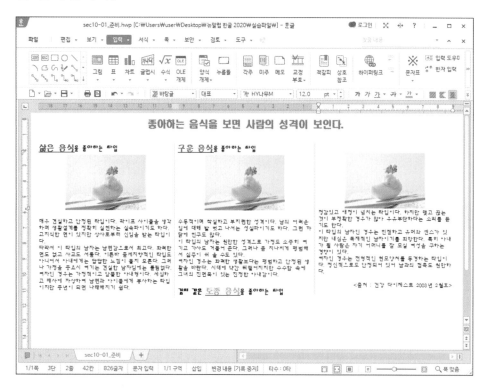

• 이미지 교체하기 •

01 ❶구운 음식 단에 삽입한 이미지를 클릭합니다. ❷[그림] 탭에서 ❸'바꾸기/저장'의 ▼
를 클릭하여 ❹'그림 바꾸기'를 선택합니다.

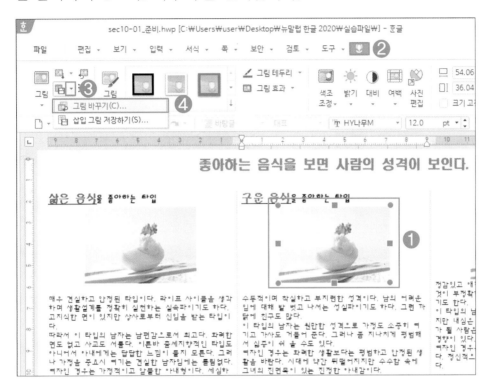

02 [그림 바꾸기] 대화상자에서 ❶'구운 음식.jpg'을 선택하고 ❷[열기]를 클릭합니다.

03 토종 음식 단의 '토종음식' 이미지도 같은 방법으로 바꿉니다

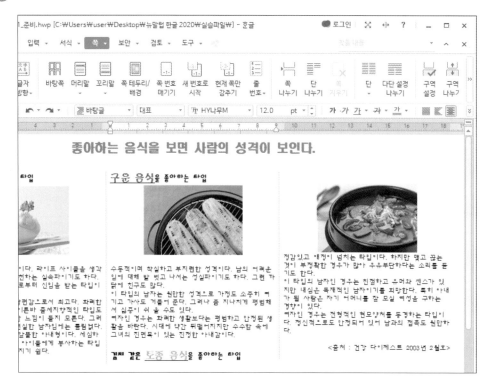

04 이미지에 효과를 지정하기 위해 ❶3개의 이미지를 [Ctrl]을 누른 상태로 선택합니다. ❷[그림] 탭의 그림 스타일 목록에서 ❸'옅은 테두리 반사'를 클릭합니다. 단의 빈 공간 들을 [Enter]를 눌러 조절하여 문서를 완성합니다.

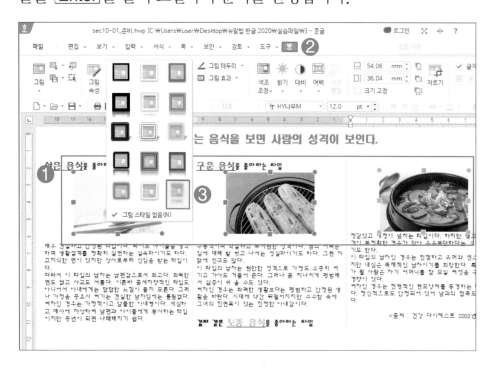

01

준비파일을 불러와 다음과 같이 이미지를 추가하고 다단으로 구성하여 문서를 만들어 보세요.

볼프강 아마데우스 모차르트에 대하여

1756년 ~ 1791년

모차르트(오스트리아)는 로마 교황 임명의 대사교가 통치하는 가톨릭 세력이 강한 로마풍의 잘츠부르크(Salzbu□ Mozart, 1719~1787)는 바이올리니스트였으며, 누나와 동생에게 어려서부터 음악 교육을 시켰는데, 특히 볼프□ 놀라게 했다.

- 그림 효과 : 네온- 노랑
- 그림자 – 오른쪽
- 단 모양 : 오른쪽
- 구분선 넣기 : 일점 쇄선, 0.2mm, 검정

잘츠부르크의 청년 음악가

어머니 마리아의 타향에서의 죽음과 알로이시아에 대한 구애의 실패는 인간 모차르트(오스트리아)에게 커다란 고뇌를 주는 사건이었다. 1781년(25세) 올이해한 대사교와 충돌한 그는 잘츠부르크를 떠날 결심을 굳히고 이후 빈에 정주하게 된다. 이 시기의 주요 작품으로는 「바이올린 협주곡 제5번」(1775), 교향곡 제31번 「파리」(교향곡)(1778), G장조와 D장조의 2개의 「플루트 협주곡」(1778), 「바이올린 소나타」 제28번 K.304(1778), 「대관식 미사 Krönungsmesse」(1779) 등을 들 수 있다.

빈에서의 자유로운 활동

자유롭고 활기에 찬 빈에 거처를 정한 1781년 이후는 불멸의 명작을 잇달아 써 갔다. 1782년(26세)에 오페라 「후궁으로부터의 도주」가 완성되고, 같은 해에는 알로이지아 베버(독일)의 동생 콘스탄체(Constanze)와 결혼한다. 「피아노 협주곡 d단조」(1785)에 이어 오페라 「피가로의 결혼」(오페라)(1786)을 완성, 그 초연은 대성공을 거두었다. 같은 해 프라하에서의 상연도 열광적인 성공으로 이것이 인연이 되어 프라하를 방문. 시민들에게 따뜻한 환영을 받았다. 이어 완성된 대작 「돈 조바니」(1787)는 프라하에서 초연되어 「피가로의 결혼」(오페라)에 못지 않는 성공을 거두었다.

음악의 만년과 레퀴엠

최후의 해인 1791년 7월. 오페라 「마적」의 완성을 가까이 앞둔 모차르트(오스트리아)는 검은 옷을 입은 낯선 남자의 방문을 받고 「레퀴엠」의 작곡을 의뢰받았다. 그 무렵 그는 이미 요독증으로 머리가 혼란해져 있었는데, 이 기묘한 주문이 그에게 죽음이 가까움을 확신시켰다고 한다. 「마적」의 초연은 성공이었으나, 최후의 생명력을 불사른 「레퀴엠」을 미완인 채 놓아두고 이 세상을 떠난 것은 35세의 12월 5일의 일이었다.

[네이버 지식백과] 볼프강 아마데우스 모차르트 [Wolfgang Amadeus Mozart] (최신명곡해설 & 클래식명곡해설 - 작곡가편, 2012. 5. 31.. 삼호ETM 편집부)

▲ 준비파일 : test_10_1_준비.hwp / 완성파일 : test_10_1_완성.hwp

02

준비파일을 불러와 다음과 같이 이미지와 배경을 추가하고 다단으로 구성하여 문서를 만들어 보세요.

배구

각 6명 또는 9명으로 구성된 두 팀이 네트를 사이에 두고 공을 자신의 진영 바닥에 떨어뜨리지 않으면서 서로 쳐 넘기며 상대방 코트 안에 떨어뜨리는 것을 목표로 하는 구기 스포츠이다. 경기장의 규격은 18m×9m이며 남녀간의 차이는 네트의 높이 차이다.

농구

올림픽 농구가 주목을 받게 된건 1992 바르셀로나 올림픽 때 미국이 NBA 선수들로 선발한 일명 드림팀을 구성하면서 부터다. 미국의 이런 결정은 NBA가 세계화를 추진하면서 이뤄진 성과로 결과적으로 NBA의 세계화는 성공했으며 미국을 벗어나 세계적인 인기와 더불어 전세계 다양한 국가의 선수들이 NBA에서 뛰는 결과를 낳게 했다.

축구

1896년 그리스 아테네에서 처음 근대 올림픽이 개최되었는데 초대 대회에서는 축구 종목이 없었다. 1900년 2회 프랑스 파리 대회부터 처음 포함되었다. 1900년과 1904년 대회에서는 시범 종목으로 포함되었고, 1908년 대회부터 정식 종목에 포함되었다. 1, 2차 세계대전으로 올림픽이 취소된 경우를 제외하곤, 1932년 미국 로스엔젤레스 대회에서만 축구 종목을 개최하지 않았는데 이는 FIFA에서 월드컵을 탄생시키면서 월드컵의 권위를 위해 제외시킨 거였다. 그러나 과도 독일과 소이에 크 여하요 미차느 조목이라 그 이

- 배경 : 연한 노랑
- 단 모양 : 왼쪽
- 단 간격 : 9mm
- 그림 효과 : 옅은 테두리 3pt, 밝기 20%, 대비 –30%

▲ 준비파일 : test_10_2_준비.hwp / 완성파일 : test_10_2_완성.hwp

11
SECTION

미술관 안내서를 바탕쪽으로 만들기

바탕쪽은 문서 전체를 통일성있게 꾸미는 기능으로 바탕을 홀수와 짝수로 나눌 수 있으며 맞쪽 문서로 작성할 때는 펼침 모양에 맞추어 편집할 수 있습니다. 머리말 과 꼬리말, 쪽 번호, 이미지를 삽입하여 멋진 문서를 만드는 방법을 알아봅니다.

PREVIEW

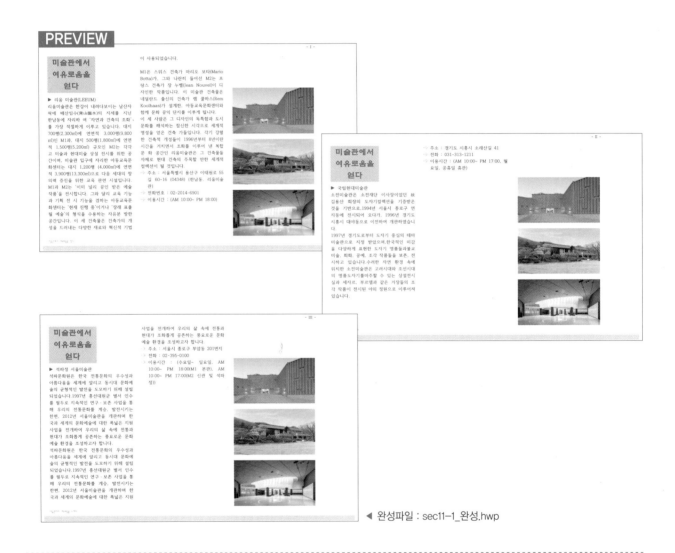

◀ 완성파일 : sec11-1_완성.hwp

학습내용

실습 01 다단 설정하기

실습 02 바탕쪽 꾸미기

실습 03 머리말/꼬리말 삽입하기

실습 04 쪽 번호 매기기

체크포인트

● 바탕쪽을 설정하는 방법을 알아봅니다.

● 꼬리말을 설정하는 방법을 알아봅니다.

● 문서의 쪽 번호를 삽입하는 방법을 알아봅니다.

실습 01 다단 설정하기

■ ■ ■ ■ ■

▼ 준비파일 : sec11-1_준비.hwp

• 다단 설정하기 •

01 ❶[쪽] 탭의 ▼을 클릭하여 ❷[단]에서 ❸[다단 설정]을 클릭합니다.

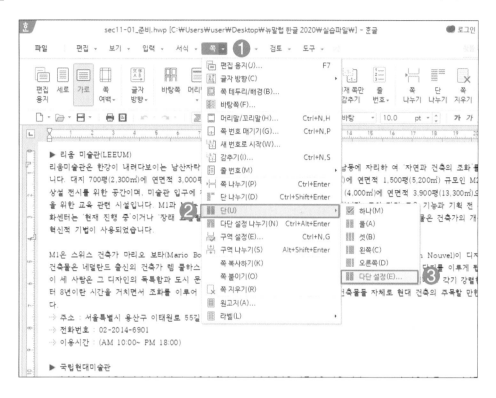

02 [단 설정] 대화상자에서 ❶자주 쓰이는 모양을 '셋'을 선택합니다. ❷너비 및 간격의 1번 단 번호의 간격을 '8'로 입력하고 ❸[설정]을 클릭합니다.

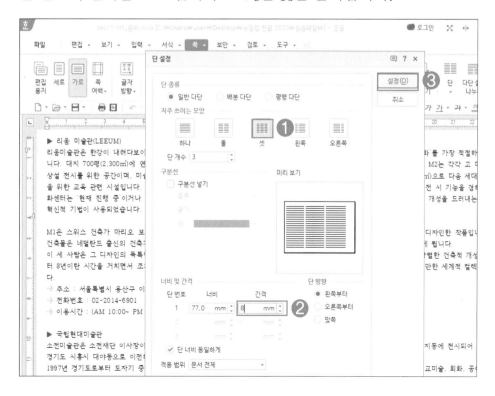

• 바탕쪽 설정하기 •

01 바탕쪽을 설정하기 위해 ❶[쪽] 탭의 ▼을 클릭하여 ❷[바탕쪽]을 클릭합니다.

02 [바탕쪽] 대화상자에서 ❶종류를 '양쪽'을 선택하고 ❷[만들기]를 클릭합니다.

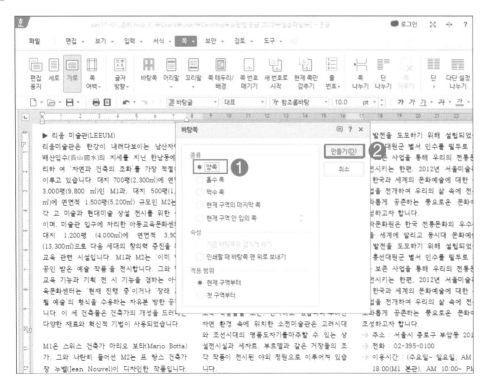

실습 01 바탕쪽 꾸미기

• 바탕쪽에 글상자 삽입하기 •

01 바탕쪽 화면에 글상자를 삽입하기 위해 ❶'바탕쪽' 창의 [여백 보기]를 클릭하고 ❷[입력] 탭의 ▼을 눌러 ❸[글상자]를 클릭합니다.

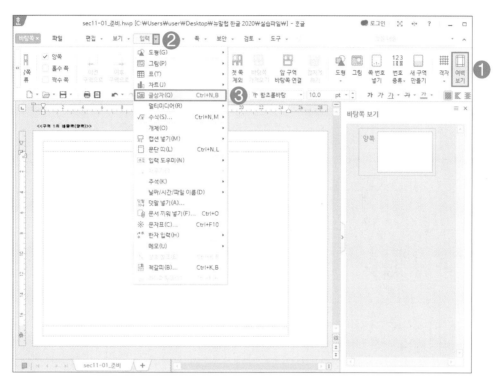

02 ❶마우스 포인터가 +로 바뀌면 드래그하여 왼쪽 모서리에 글상자를 삽입합니다. 삽입된 글상자를 선택하고 ❷[도형] 탭의 ❸'도형 채우기'의 ▼을 눌러 ❹'시멘트색 40% 밝게'를 클릭합니다.

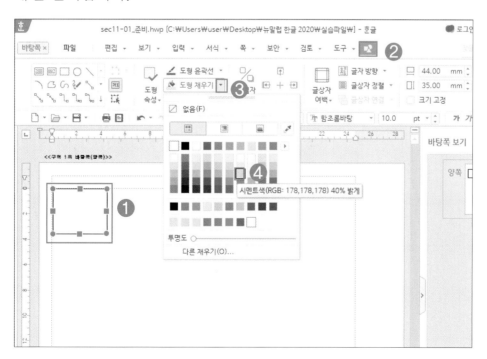

03 ❶'도형 윤곽선'의 ▼을 눌러 ❷'없음'을 클릭하여 윤곽선을 없애줍니다.

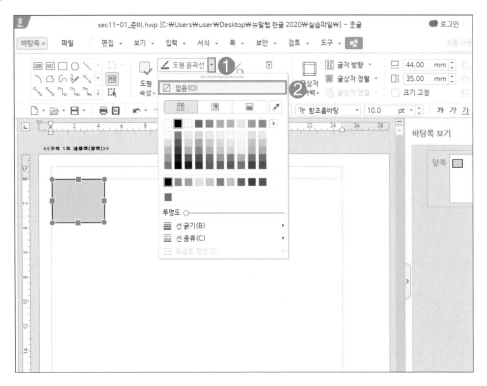

04 글상자를 클릭하여 '미술관에서 여유로움을 얻다'를 입력한 후, 글꼴은 '양재참숯체B'와 글자 크기는 '20'으로 지정합니다.

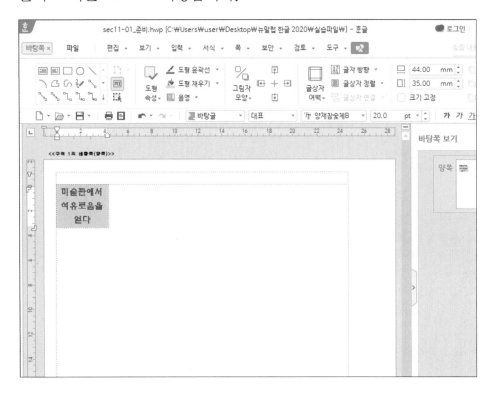

• 바탕쪽에 이미지 삽입하기 •

01 바탕쪽 화면에 이미지를 삽입하기 위해 ❶[입력] 탭의 ❷[그림]을 클릭합니다.

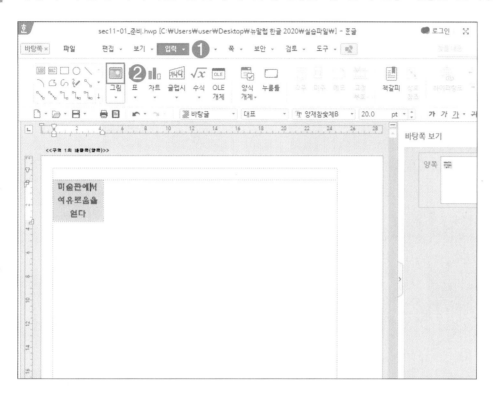

02 [그림 넣기] 대화상자에서 ❶'리움박물관.jpg', '석파정.jpg', '소전.jpg'를 ￼Ctrl￼을 눌러 선택하고 옵션에서 ❷'문서에 포함', '마우스로 크기 지정'을 선택하고 ❸[열기]를 클릭합니다.

03 서로 다른 크기의 이미지가 삽입되었습니다.

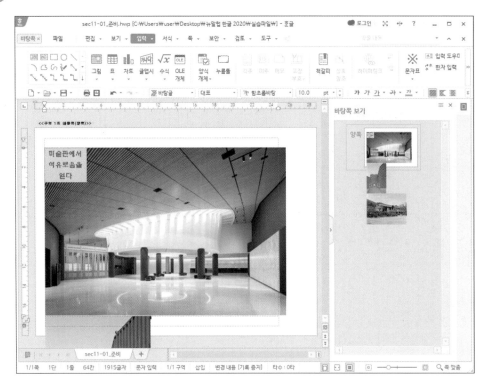

04 삽입된 이미지를 각각 클릭하여 [그림] 탭(🎤)에서 ❶이미지의 가로를 '75', 세로는 '44'로 입력하여 크기 조절을 합니다.

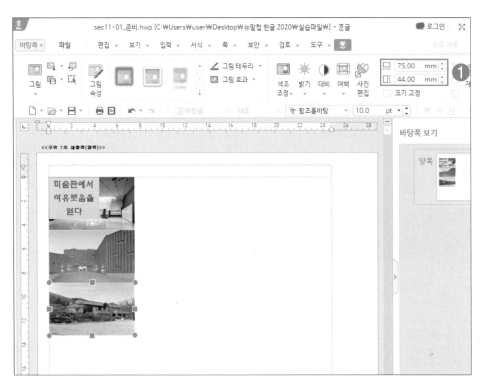

• 바탕쪽에 이미지 간격 조절하기 •

01 '석파정.jpg' 이미지를 오른쪽 끝으로 이동합니다. ❶ Shift 를 눌러 위 이미지부터 아래로 순서대로 클릭하여 모두 선택하고 ❷[그림] 탭( )의 ❸[맞춤]에서 ❹[오른쪽 맞춤]을 클릭합니다.

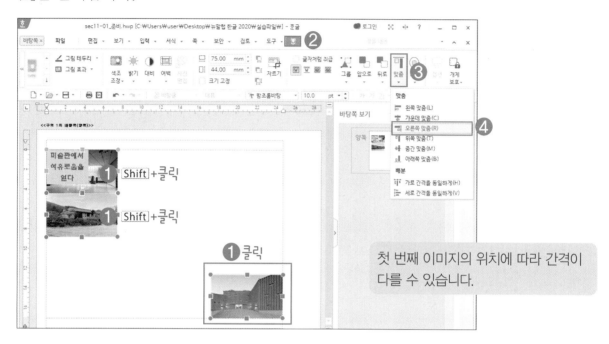

02 개체가 모두 선택된 상태에서 [그림] 탭( )의 ❶[맞춤]에서 ❷[세로 간격을 동일하게]를 클릭합니다.

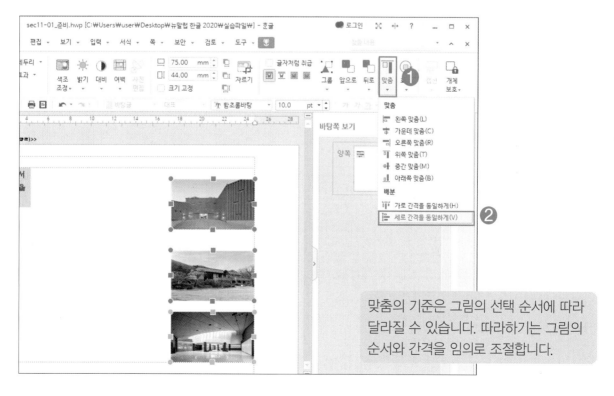

03 [바탕쪽] 탭에 있는 '×'로 표시된 ❶[닫기]를 클릭합니다.

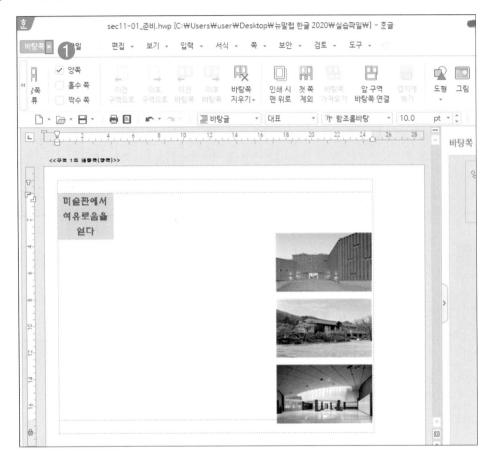

04 화면을 확인하고 공간과 위치를 수정하여 완성합니다.

박물관 이름 앞에 있는 ▶기호는 글머리기호입니다. 글머리 기호가 설정되어 있을 경우 Enter 를 누르면 기호가 자동으로 생성됩니다. 글머리기호 해제는 생성된 글머리기호를 블록지정한 후 [서식] 탭–'글머리기호'–없음을 클릭하면 됩니다

머리말/꼬리말 삽입하기

• 꼬리말에 글상자 삽입하기 •

01 문서의 아래쪽에 꼬리말을 삽입하기 위해 첫 페이지에서 ❶[쪽] 탭의 ▼을 클릭하여 ❷ [머리말/꼬리말]을 클릭합니다.

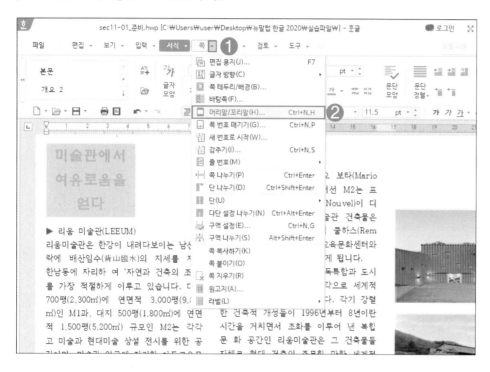

02 [머리말/꼬리말] 대화상자의 ❶종류에서 '꼬리말', ❷위치는 '양쪽'으로 선택하고 ❸[만들기]를 클릭합니다.

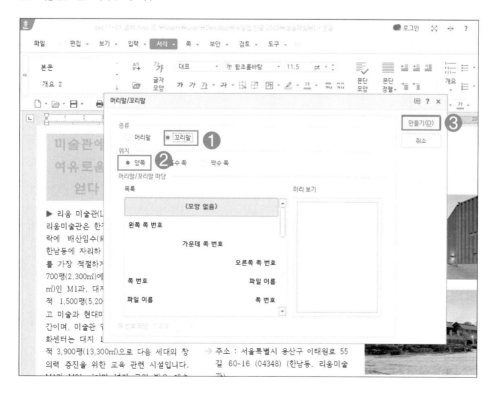

03 첫 번째 슬라이드를 아래로 내려 ❶꼬리말 영역에 '미술관에서 여유로움을 느끼다'를 입력합니다.

04 입력한 꼬리말을 ❶블록으로 지정한 후 ❷글꼴은 '휴먼가는팸체', 크기는 '9', ❸글자 색은 '초록'으로 선택하고 ❹[닫기]를 클릭합니다.

실습 04 쪽 번호 매기기

• 쪽 번호 매기기 •

01 각 페이지에 번호를 삽입하기 위해 ❶[쪽] 탭의 ▼을 클릭하여 ❷[쪽 번호 매기기]를 선택합니다.

02 [쪽 번호 매기기] 대화상자에서 번호 위치를 ❶'오른쪽 위'로 선택합니다.

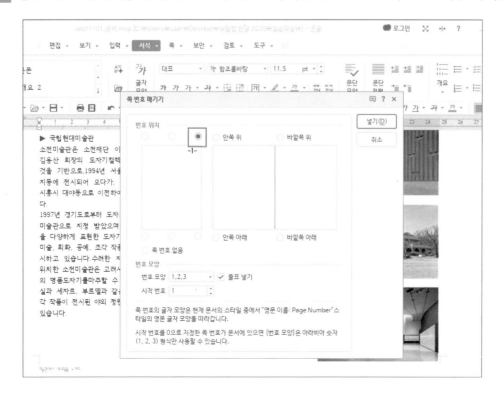

03 ❶번호 모양의 ▼를 클릭하여 ❷'Ⅰ, Ⅱ, Ⅲ'을 선택하고 ❸[넣기]를 클릭합니다.

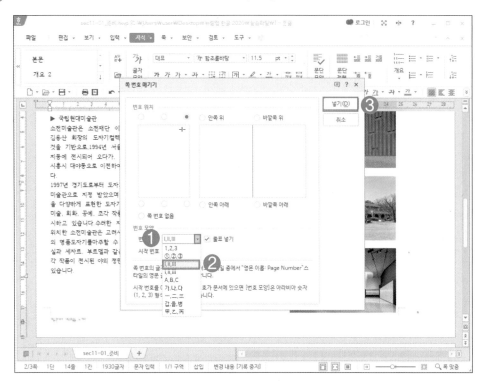

04 쪽 번호가 삽입되었습니다.

• 쪽 테두리/배경 지정하기 •

01 쪽 테두리를 삽입하기 위해 ❶[쪽] 탭의 ❷[쪽 테두리/배경]을 클릭합니다. [쪽 테두리/배경] 대화상자에서 ❸[테두리] 탭을 클릭하고 그림과 같이 ❹테두리 종류는 '실선', 굵기는 '5mm'로 설정합니다.

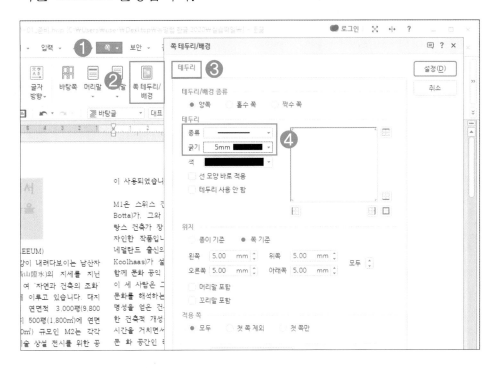

02 ❶색은 '초록 80% 밝게'를 클릭하고 ❷테두리의 위치는 '아래'로 선택합니다.

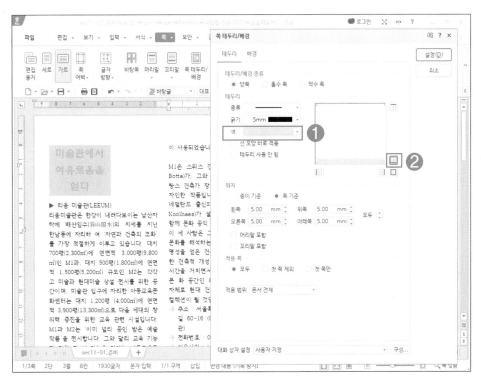

03 ❶위치는 '종이 기준', ❷적용 쪽은 '모두', ❸적용 범위를 '문서 전체'로 선택하고 ❹[설정]을 클릭합니다.

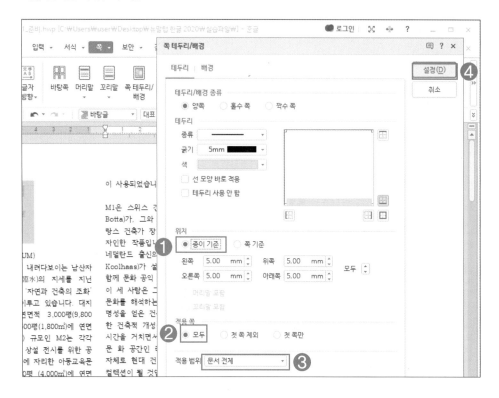

04 바탕쪽을 이용해서 모든 페이지에 그림이 표시되고, 쪽 번호와 쪽 테두리를 넣어 문서를 만들어 보았습니다.

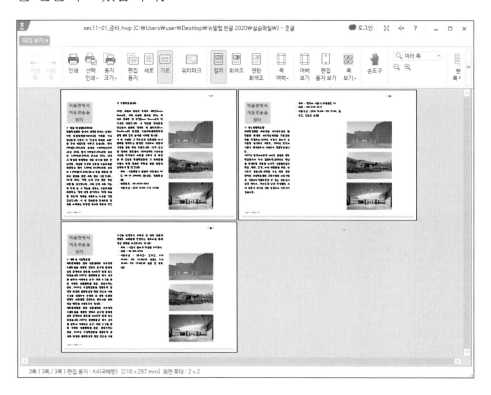

01 준비파일을 불러와 그림과 같이 바탕쪽에 이미지를 추가하고, 쪽 번호를 삽입해 보세요.

- 글자 모양 : 한컴바겐세일B 10pt, 20pt,
- 한컴바겐세일M 10pt
- 쪽 번호 : 로마자(소문자)

▲ 준비파일 : test_11_1_준비.hwp / 완성파일 : test_11_1_완성.hwp

02 1번에서 완성한 파일을 그림과 같이 용지 방향을 변경하고 다단과 꼬리말을 삽입해 보세요.

- 편집 용지 방향 : 가로
- 단 모양 : 셋, 구분선 넣기(실선), 0.12mm, 하양 25% 어둡게
- 꼬리말 : MD아롱체 10pt

▲ 준비파일 : test_11_2_준비.hwp / 완성파일 : test_11_2_완성.hwp

12 표 작성하기

SECTION

표는 복잡하게 설명된 텍스트를 간단하게 표현할 수 있고 작성된 표의 줄을 추가하거나 삭제를 할 수 있습니다. 또한 표의 칸과 줄을 합치거나 나눌 수 있어 표 수정이 가능합니다. 표를 만들어 줄과 칸을 추가하거나 삭제, 셀을 합치거나 나누는 방법을 알아봅니다.

PREVIEW

중구	동구	미추홀구
연수구	남동구	부평구
계양구	서구	강화군
		옹진군

학습내용

실습 01 표 삽입하기

실습 02 표의 줄과 칸 추가하고 삭제하기

실습 03 셀 병합하고 셀 나누기

체크포인트

● 문서에 표를 삽입하는 방법을 알아봅니다.

● 표의 줄과 칸을 추가/삭제하는 방법을 알아봅니다.

● 표의 셀을 합치거나 나누는 방법을 알아봅니다.

실습 01 표 삽입하기

• 표 만들기 •

01 한글 2020을 실행한 후 '새 문서'를 더블클릭하여 문서를 엽니다. ❶[입력] 탭의 ▼를 클릭하여 ❷[표]에서 마우스를 드래그하여 ❸2줄×2칸으로 설정한 후 클릭합니다.

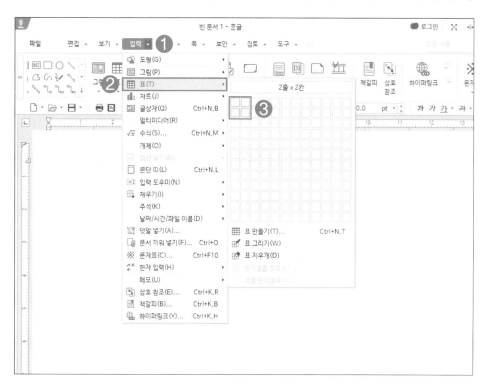

02 빈 문서에 2줄×2칸의 표가 삽입됩니다.

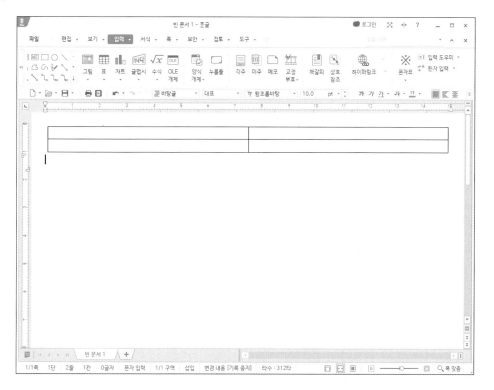

• 표의 줄 조절하기 •

01 표의 줄 간격을 조절하기 위해 마우스로 표 전체를 드래그하여 블록으로 지정합니다. 표의 맨 아래 줄로 마우스 커서를 이동시키면 마우스 포인터의 모양이 변경됩니다.

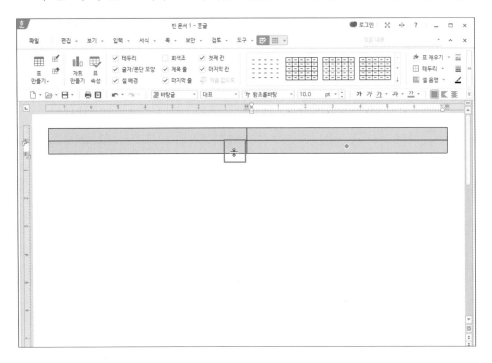

02 마우스 포인터의 모양이 변경된 상태에서 마우스를 아래 방향으로 드래그하여 표를 늘려줍니다.

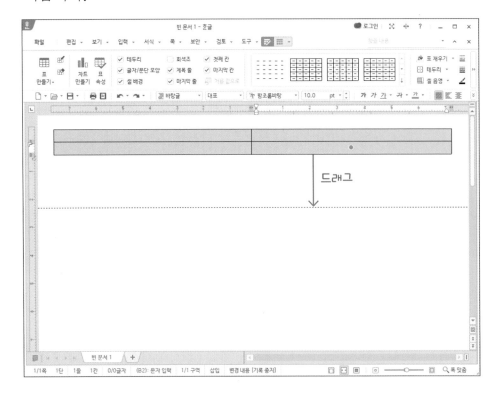

• 표의 칸 조절하기 •

01 표 전체가 블록으로 지정된 상태에서 표의 오른쪽 끝으로 마우스 커서를 이동시키면 마우스 포인터의 모양 변경됩니다.

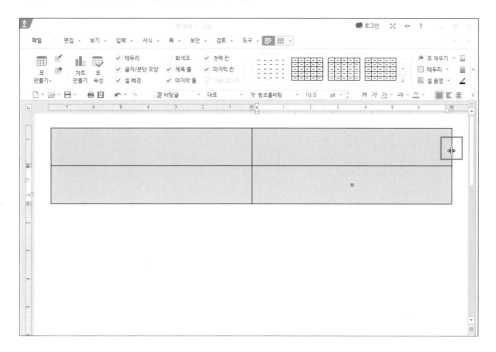

02 마우스 포인터의 모양이 변경된 상태에서 마우스를 왼쪽 방향으로 드래그하여 칸의 크기를 줄여줍니다. ⎣ Esc ⎦를 누르거나 빈 곳을 클릭하여 블록을 해제합니다.

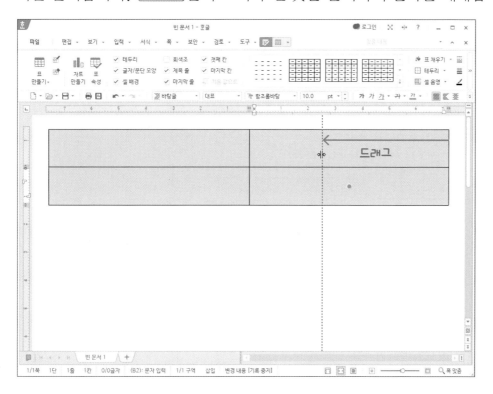

141

표의 줄과 칸 추가하고 삭제하기

• 표의 줄 추가하기 •

01 표의 맨 아래 줄을 추가하기 위해 표 안에서 ❶마지막 줄의 셀을 임의로 클릭합니다. ❷[표 레이아웃] 탭(▦▾)에서 ❸[줄/칸 추가하기]를 클릭합니다.

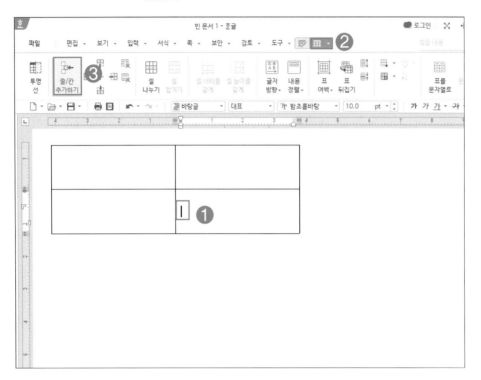

02 [줄/칸 추가하기] 대화상자에서 ❶'아래쪽에 줄 추가하기'를 선택하고 ❷줄/칸 수에 '2'를 입력하고 ❸[추가]를 클릭합니다.

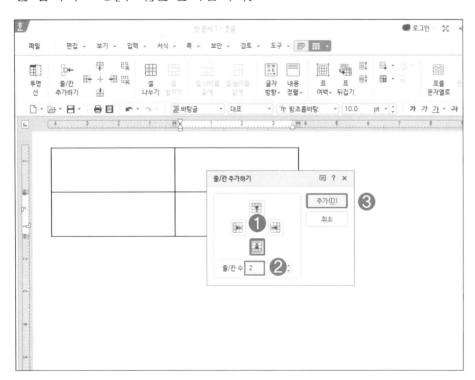

· 표의 칸 추가하기 ·

01 표의 오른쪽에 칸을 추가하기 위해 표 안에서 **❶**오른쪽 칸의 셀 임의의 셀을 클릭합니다. **❷**[표 레이아웃] 탭(□▼)에서 **❸**[줄/칸 추가하기]를 클릭합니다.

02 [줄/칸 추가하기] 대화상자에서 **❶**'오른쪽에 칸 추가하기'를 선택하고 **❷**줄/칸 수에 '2'를 입력한 다음, **❸**[추가]를 클릭합니다.

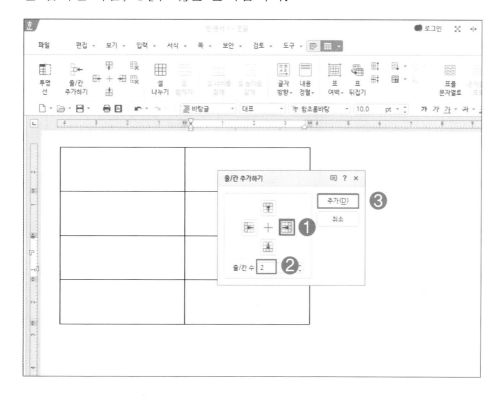

• 표의 칸 삭제하기 •

01 표의 두 번째 칸을 삭제하기 위해 ❶표 안에서 두 번째 칸의 셀을 클릭합니다. ❷[표 레이아웃] 탭(▦ ▾)에서 ❸칸 지우기(▦ₓ)를 클릭합니다.

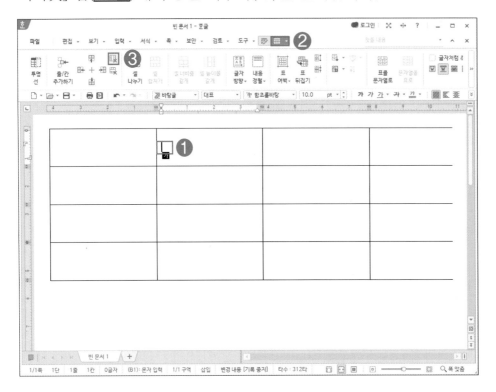

02 표가 4줄×4칸에서 4줄×3칸으로 변경되었습니다.

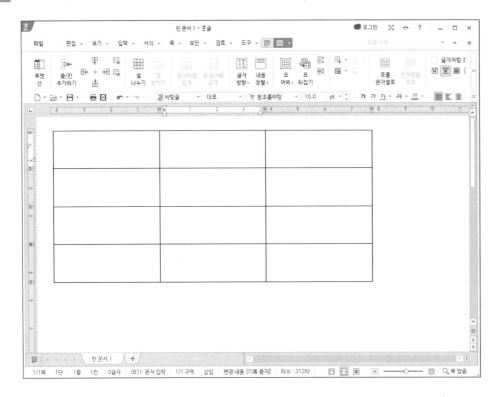

• 표의 줄 삭제하기 •

01 표의 세 번째 줄을 삭제하기 위해 ❶표 안에서 세 번째 줄의 셀을 임의로 클릭합니다. ❷[표 레이아웃] 탭(▦ ▾)에서 ❸줄 지우기(▦)를 클릭합니다.

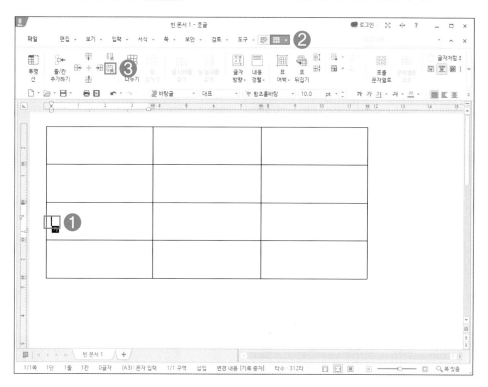

02 표가 4줄×3칸에서 3줄×3칸으로 변경되었습니다.

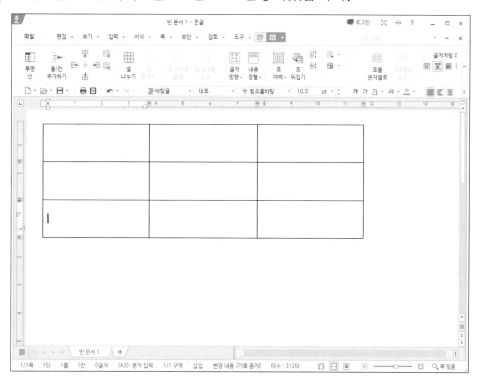

셀 병합하고 셀 나누기

• 셀 병합하기 •

01 ❶첫 번째 줄의 첫 번째 칸과 두 번째 칸을 드래그하여 블록으로 지정합니다. 마우스 오른쪽 버튼을 클릭하여 ❷[셀 합치기]를 선택합니다.

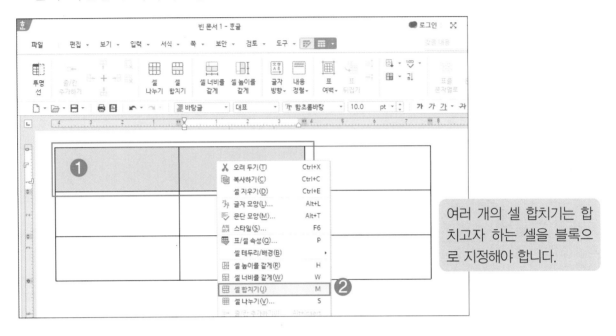

여러 개의 셀 합치기는 합치고자 하는 셀을 블록으로 지정해야 합니다.

• 셀 나누기 •

01 ❶셀을 나누기 위해 첫 번째 줄의 첫 번째 칸을 클릭하고 마우스 오른쪽 버튼을 클릭하여 ❷[셀 나누기]를 클릭합니다.

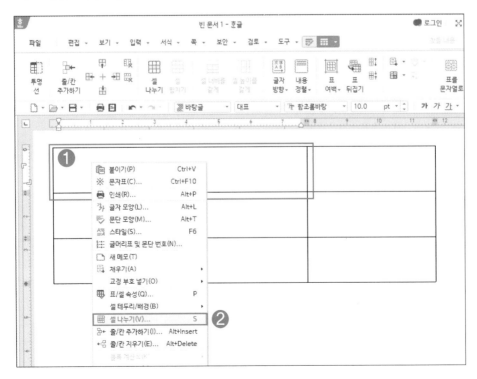

02 [셀 나누기] 대화상자가 나타나면 나누고자 하는 줄과 칸을 선택하고 개수를 입력합니다. 여기서는 칸을 나누기 위해 ❶칸 개수만 선택하고 개수는 '3'으로 입력한 후 ❷[나누기]를 클릭합니다.

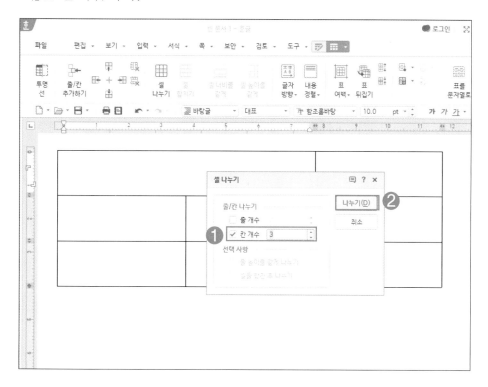

03 줄을 나누기 위해 ❶세 번째 줄의 두 번째 칸을 클릭하고 마우스 오른쪽 버튼을 클릭하여 ❷[셀 나누기]를 클릭합니다.

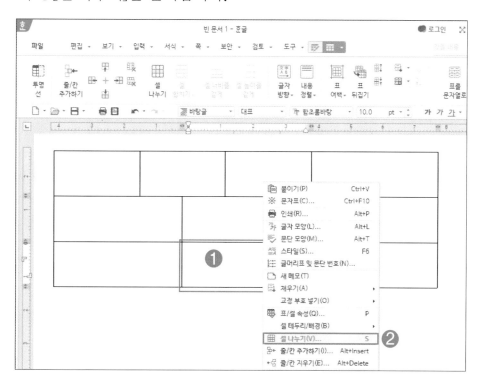

04 [셀 나누기] 대화상자가 나타나면 줄을 나누기 위해 ❶'줄 개수'만 선택하고 개수는 "2"
로 입력한 후 ❷[나누기]를 클릭합니다.

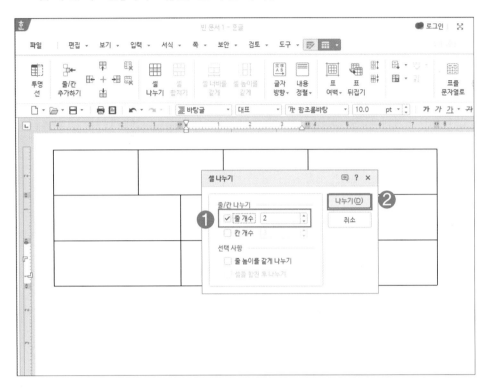

05 세 번째 줄의 두 번째 칸의 셀이 나누어집니다.

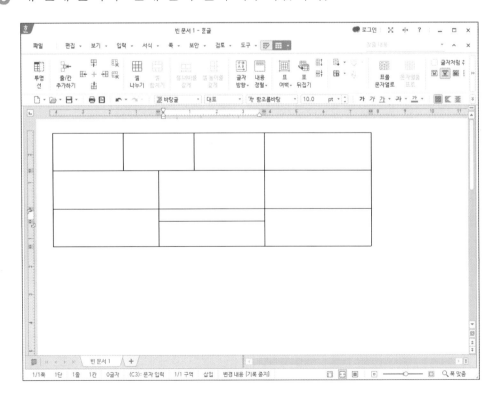

01 4줄 × 3칸의 표를 만들고 다음과 같이 셀을 변경해 보세요.

▲ 완성파일 : test_12_1_완성.hwp

02 3줄 × 3칸의 표를 만들고 다음과 같이 셀을 나누고 텍스트를 입력해 보세요.

중구	동구	미추홀구
연수구	남동구	부평구
계양구	서구	강화군 옹진군

▲ 완성파일 : test_12_2_완성.hwp

13 표로 달력 만들기

SECTION

표로 달력을 만들고 연속 데이터를 자동 채우기로 요일과 날짜를 입력할 수 있습니다. 만들어진 표에 테두리를 변경하고 표에 배경 그림을 삽입하는 방법을 알아보겠습니다.

PREVIEW

일	월	화	수	목	금	토
					1	2
3 개천절	4	5	6	7	8	9 한글날
10	11 내생일	12	13	14	15	16
17	18	19	20	21	22	23
24	25	26	27	28 자격시험	29	30
31						

▲ 완성파일 : sec13-1_완성.hwp

학습내용

실습 01 표 내용 입력하기

실습 02 셀의 배경색과 테두리 변경하기

실습 03 셀 안에 배경 삽입하기

체크포인트

● 자동으로 내용을 채우는 방법을 알아봅니다.

● 셀에 배경색과 테두리를 변경하는 방법을 알아봅니다.

● 셀에 배경을 삽입하는 방법을 알아봅니다.

표 내용 입력하기

■ ■ ■ ■ ■

▼ 준비파일 : sec13-1_준비.hwp

• 내용 자동 채우기 •

01 준비파일을 불러옵니다. 요일을 자동으로 채우기 위해 '일'이 있는 줄을 ❶드래그하여 블록으로 지정합니다. 마우스 오른쪽 버튼을 클릭하여 ❷[채우기]의 ❸[표 자동 채우기]를 선택합니다.

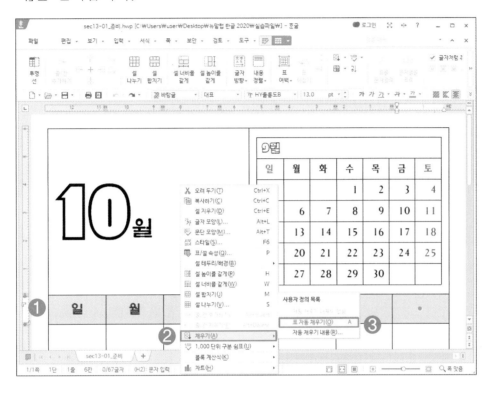

02 요일이 자동으로 입력되었으면 그림과 같이 날짜를 입력합니다.

03 3부터 마지막 셀까지 블록으로 지정한 후 마우스 오른쪽 버튼을 클릭하여 ❶[채우기]–
❷[표 자동 채우기]를 선택합니다.

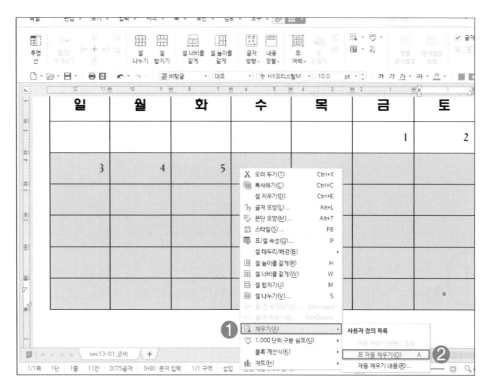

04 10월은 31일까지 있으므로 ❶'32'부터 나머지 셀까지 블록을 지정하고 마우스 오른쪽
버튼을 클릭하여 ❷[셀 지우기]를 클릭합니다.

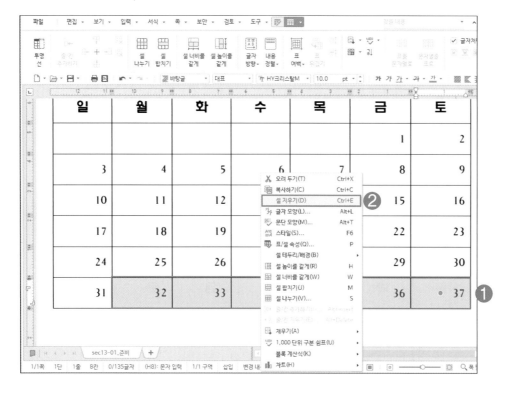

• 셀 안의 글자 위치 조절하기 •

01 날짜를 각 셀의 윗 부분에 위치시키기 위해 ❶날짜 셀의 전체를 블록 지정한 후 ❷[표 디자인] 탭()의 ❸[표 속성]을 클릭합니다.

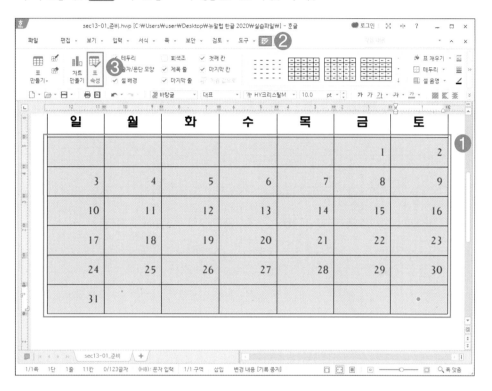

02 [표/셀 속성] 대화상자의 ❶[셀] 탭에서 ❷속성 항목의 세로 정렬을 '위'로 선택하고 ❸ [설정]을 클릭합니다.

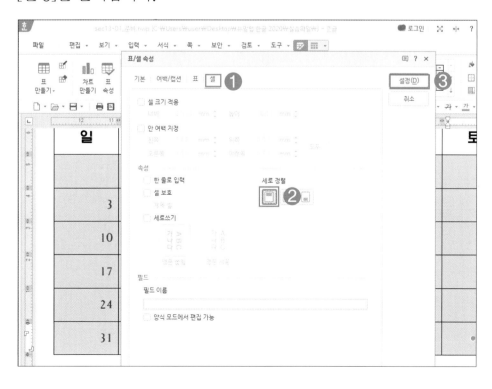

03 ❶일요일을 빨간 글자로 변경하기 위해 그림과 같이 블록 지정한 후 서식 도구 상자의 글자 색을 ❷'빨강'으로 선택합니다.

04 같은 방법으로 ❶토요일을 ❷파랑으로 변경하고 다음과 같이 내용을 입력합니다.

• 셀 배경색 설정하기 •

01 ❶9월이 입력된 셀을 클릭한 후 **F5**를 눌러 블록 지정하고 ❷[표 레이아웃] 탭(⊞ ▾) 의 ▼을 클릭하여 ❸[셀 테두리/배경]-[각 셀마다 적용]을 선택합니다.

02 [셀 테두기/배경] 대화상자의 ❶[배경] 탭에서 채우기 항목의 '색'을 클릭하고 ❷'면 색' 을 '주황'으로 선택한 다음, ❸[설정]을 클릭합니다.

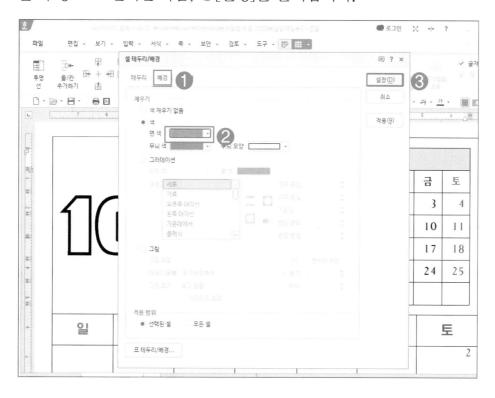

03 ❶'9월 글자만 블록으로 지정한 후 글자 색을 ❷'하양'으로 설정합니다.

• 셀 테두리 설정하기 •

01 표의 테두리를 모두 없애기 위해 ❶표 전체를 블록으로 지정한 후 ❷[표 레이아웃] 탭
(▦▾)의 ▼을 클릭하여 ❸[셀 테두리/배경]–[각 셀마다 적용]을 선택합니다.

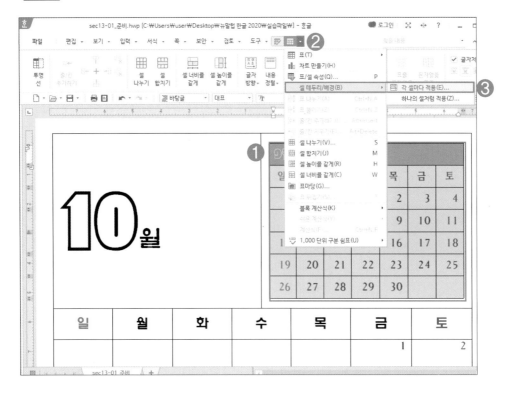

02 [셀 테두리/배경] 대화상자의 [테두리] 탭에서 ❶'테두리' 항목의 '종류'를 '없음'으로 선
택합니다. 테두리의 영역을 선택하기 위해 ❷미리보기에서 '모두'를 클릭하고 ❸[설정]
을 클릭합니다.

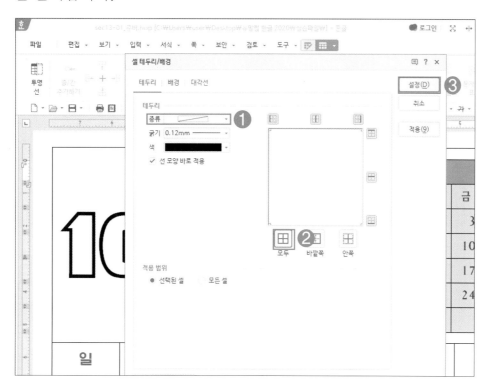

03 그림과 같이 블록으로 지정된 셀의 테두리가 모두 지워졌습니다.

테두리가 지워진 셀의 빨간 점선은 화면에서만 보이며 빈 곳을 클
릭하거나 화면 미리보기와 인쇄를 할 경우 나타나지 않습니다.

04 요일 밑에 테두리를 삽입하기 위해 ❶요일 줄을 블록으로 지정하고 ❷[표 레이아웃] 탭 (🔲▾)의 ▼을 클릭하여 ❸[셀 테두리/배경]–[각 셀마다 적용]을 선택합니다.

05 [셀 테두리/배경] 대화상자의 [테두리] 탭의 '테두리' 항목의 ❶'종류'를 '이중 실선'으로 선택합니다. 테두리의 영역을 선택하기 위해 ❷미리보기에서 '아래쪽 테두리'를 클릭하고 ❸[설정]을 클릭합니다.

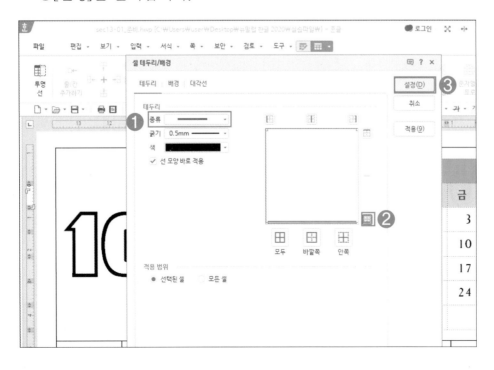

셀 안에 배경 삽입하기

• 셀 배경 삽입하기 •

01 그림과 같이 ❶블록으로 지정한 후 ❷[표 레이아웃] 탭(▦ ▾)의 ▼을 클릭하여 ❸[셀 테두리/배경]-[각 셀마다 적용]을 선택합니다.

02 [셀 테두리/배경] 대화상자의 [테두리] 탭에서 ❶'테두리' 항목의 '종류'를 '없음'으로 선택합니다. 테두리의 영역을 선택하기 위해 미리보기에서 ❷'안쪽 세로 테두리'를 선택하고 ❸[배경] 탭을 클릭합니다.

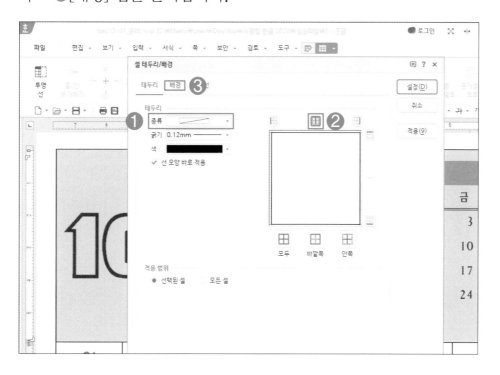

03 ❶'그림'을 클릭하고 [그림 넣기] 대화상자에서 ❶'가을.jpg' 이미지 파일을 선택한 후 ❸ [열기]를 클릭합니다.

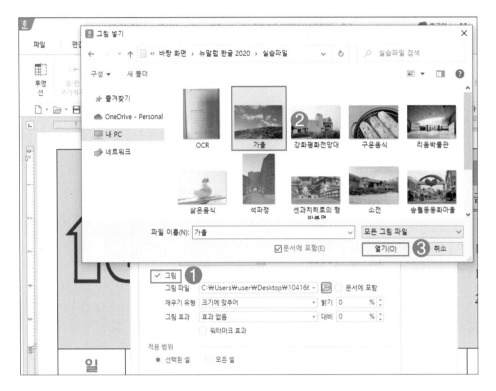

04 ❶밝기를 '50', 대비는 '−50'으로 입력한 후 ❷[설정]을 클릭하고 완성합니다.

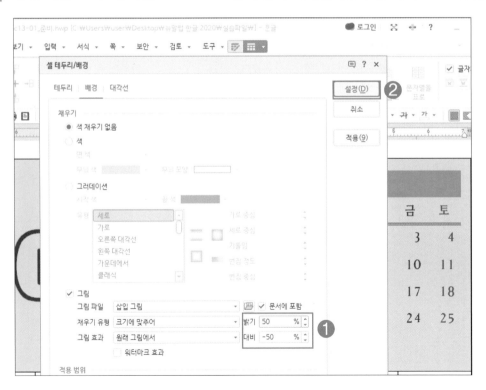

01 준비파일을 불러와 다음과 같이 표를 삽입하여 셀을 합치고 배경색을 지정하여 고객 상담 카드를 만들어 보세요.

고객 모발 진단 상담 카드		
분류	내용	진단
얼굴형	얼굴 형태	
두피	두피 상태	
	모공 상태	
	두피 색	
	각질 유무	
모발	모발 길이	
	모발 양	
	모발 손상도	
	모발 색	

- 테두리 굵기 : 0.4mm, 0.12mm
- 셀 배경색 : 하양 15% 어둡게

▲ 준비파일 : test_13_1_준비.hwp / 완성파일 : test_13_1_완성.hwp

02 준비파일을 불러와 다음과 같이 표를 삽입하여 셀에 배경색을 지정하여 가로 세로 낱말 퍼즐을 만들어 보세요

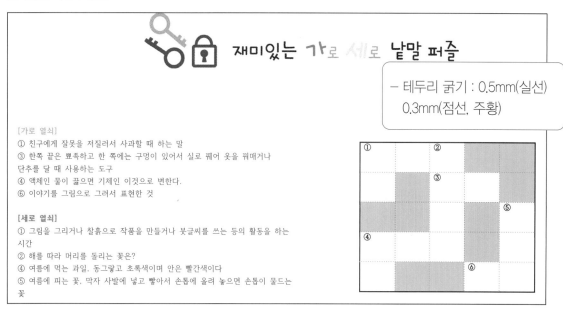

재미있는 가로 세로 낱말 퍼즐

- 테두리 굵기 : 0.5mm(실선)
  0.3mm(점선, 주황)

[가로 열쇠]
① 친구에게 잘못을 저질러서 사과할 때 하는 말
③ 한쪽 끝은 뾰족하고 한 쪽에는 구멍이 있어서 실로 꿰어 옷을 꿰매거나
단추를 달 때 사용하는 도구
④ 액체인 물이 끓으면 기체인 이것으로 변한다.
⑥ 이야기를 그림으로 그려서 표현한 것

[세로 열쇠]
① 그림을 그리거나 찰흙으로 작품을 만들거나 붓글씨를 쓰는 등의 활동을 하는
시간
② 해를 따라 머리를 돌리는 꽃은?
④ 여름에 먹는 과일. 동그랗고 초록색이며 안은 빨간색이다
⑤ 여름에 피는 꽃, 막자 사발에 넣고 빻아서 손톱에 올려 놓으면 손톱이 물드는
꽃

▲ 준비파일 : test_13_2_준비.hwp / 완성파일 : test_13_2_완성.hwp

14 차트 만들기

차트는 주어진 표를 쉽게 분석하기 위해 다양한 그래프 형식으로 제공합니다. 차트 종류를 선택하고 차트의 속성을 변경하는 방법을 알아봅니다.

PREVIEW

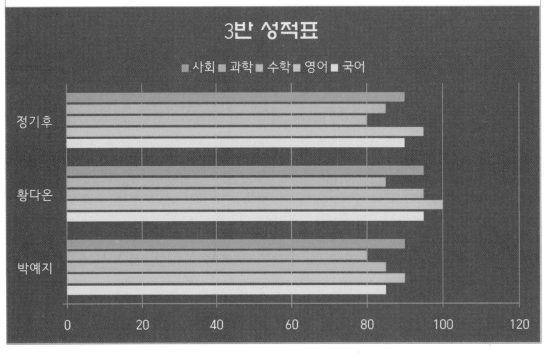

3반 성적표

이름	국어	영어	수학	과학	사회
박예지	85	90	85	100	90
황다온	95	100	95	85	95
정기후	90	95	80	85	90

▲ 완성파일 : sec14-1_완성.hwp

학습내용

실습 01 차트 만들기

실습 02 차트의 종류 및 디자인 변경하기

실습 03 차트 데이터 편집하기

체크포인트

● 차트를 삽입하는 방법을 알아봅니다.

● 차트의 종류와 디자인을 변경하는 방법을 알아봅니다.

● 차트 데이터를 편집하는 방법을 알아봅니다.

차트 만들기

• 차트 삽입하기 •

▼ 준비파일 : sec14-1_준비.hwp

01 준비파일을 불러옵니다. 차트에 삽입할 ❶데이터를 블록으로 지정한 후 ❷[표 디자인] 탭(📝)의 ❸[차트 만들기]를 클릭합니다

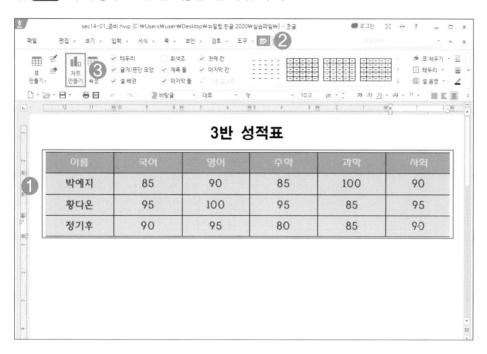

02 차트의 데이터를 관리하는 [차트 데이터 편집] 대화상자가 나타나면 데이터의 값이 맞는지 확인한 후 [차트 데이터 편집] 대화상자의 ❶[닫기]를 클릭합니다.

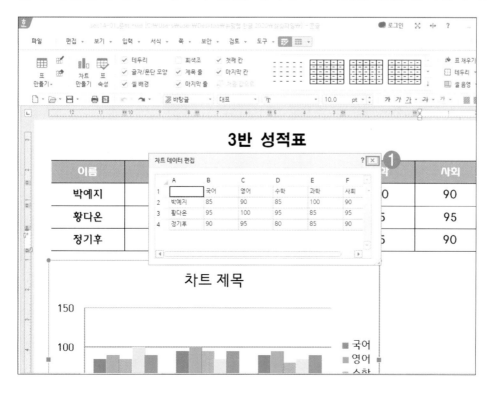

• 차트 크기 조절하기 •

01 표 밑에 차트가 삽입됩니다. 차트를 클릭하면 조절점 8개가 표시됩니다. 8개의 점에서 하나를 선택하여 마우스로 클릭하여 ❶드래그합니다.

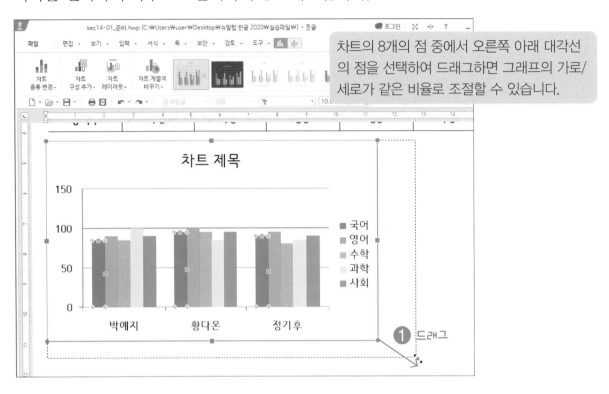

> 차트의 8개의 점 중에서 오른쪽 아래 대각선의 점을 선택하여 드래그하면 그래프의 가로/세로가 같은 비율로 조절할 수 있습니다.

02 기본적인 세로 막대 그래프가 완성됩니다.

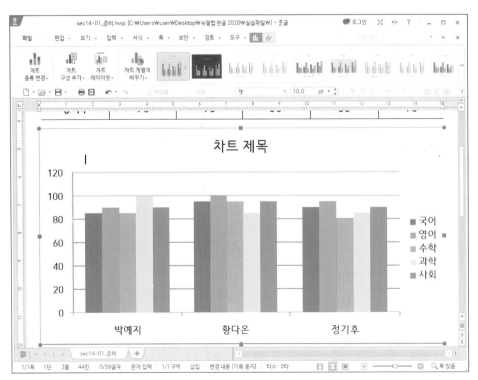

차트의 종류 및 디자인 변경하기

• 차트 종류 변경하기 •

01 ❶차트를 선택하고 ❷[차트 디자인] 탭(📊)의 ❸[차트 종류 변경]을 클릭합니다. 차트 종류의 목록이 나타나면 ❹[가로 막대형]–[묶은 가로 막대형]을 클릭합니다.

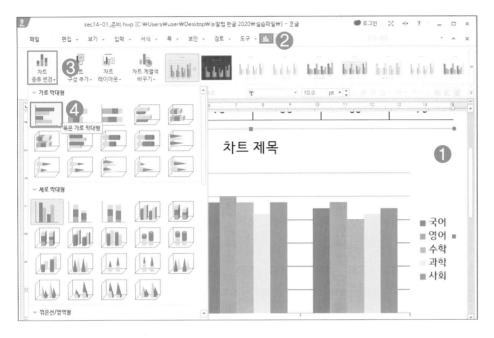

• 차트 구성 변경하기 •

01 차트를 클릭하여 선택된 상태에서 [차트 디자인] 탭(📊)의 ❶[차트 구성 추가]를 클릭합니다. 차트 구성의 목록이 나타나면 ❷[범례]–❸[위쪽]을 클릭합니다.

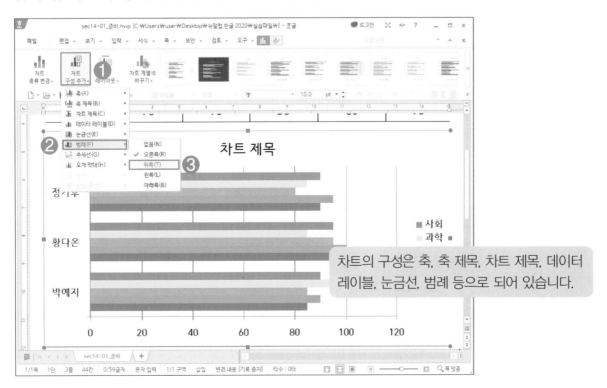

차트의 구성은 축, 축 제목, 차트 제목, 데이터 레이블, 눈금선, 범례 등으로 되어 있습니다.

· 차트 레이아웃 변경하기 ·

01 ❶차트를 클릭하여 선택한 후 [차트 디자인] 탭(📊)의 ❷[차트 레이아웃]을 클릭합니다. 차트 레이아웃의 목록이 나타나면 ❸'레이아웃 6'을 클릭합니다.

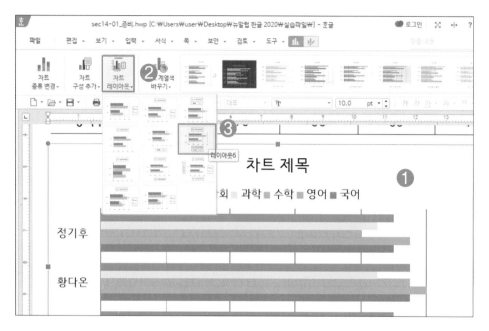

· 차트 계열색 변경하기 ·

01 ❶차트를 클릭하여 선택한 후 [차트 디자인] 탭(📊)의 ❷'차트 계열색 바꾸기'를 클릭합니다. 차트 계열색의 목록이 나타나면 [단색 조합]에서 ❸[색13]을 클릭합니다.

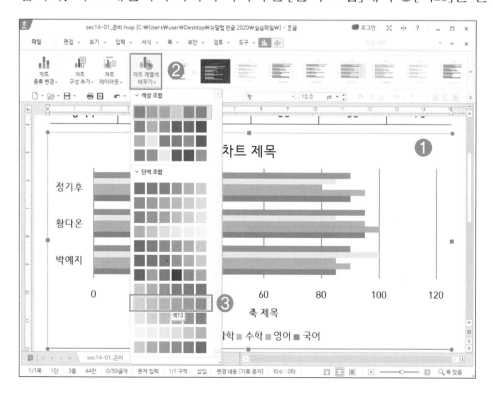

02 차트 계열의 색이 기존 색상 조합의 '색1'에서 '색13'으로 변경되었습니다.

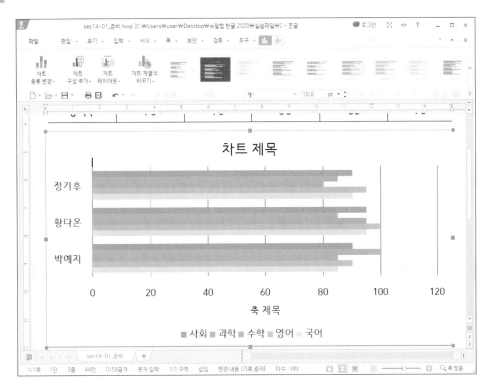

· 차트 스타일 변경하기 ·

01 ❶차트를 클릭하여 선택한 후 [차트 디자인] 탭(📊)의 '차트 스타일' 목록에서 ❷'스타일2'를 클릭합니다.

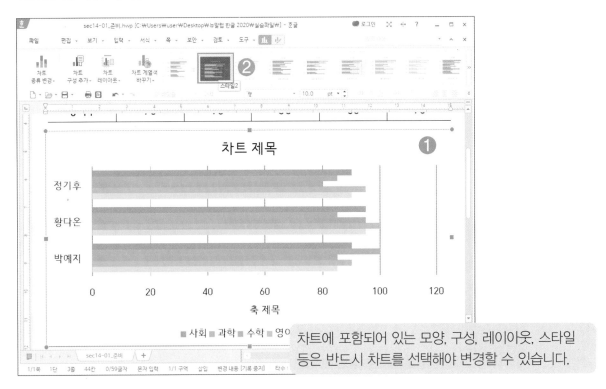

차트에 포함되어 있는 모양, 구성, 레이아웃, 스타일 등은 반드시 차트를 선택해야 변경할 수 있습니다.

차트 데이터 편집하기

· 차트 제목 변경하기 ·

01 차트 안의 ❶차트제목을 클릭한 후 마우스 오른쪽 버튼을 클릭하여 바로가기 메뉴가
나타나면 ❷[제목 편집]을 선택합니다.

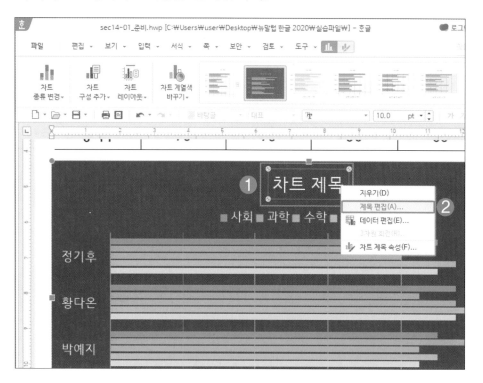

02 [차트 글자 모양] 대화상자에서❶ 글자 내용에 '3반 성적표'를 입력합니다. 언어별 설정
항목에서 한글 글꼴의 ▼를 클릭하여 ❷'휴먼엑스포'를 선택합니다. 속성 항목에서 크
기와 글자 색을 변경하고 ❸[설정]을 클릭합니다.

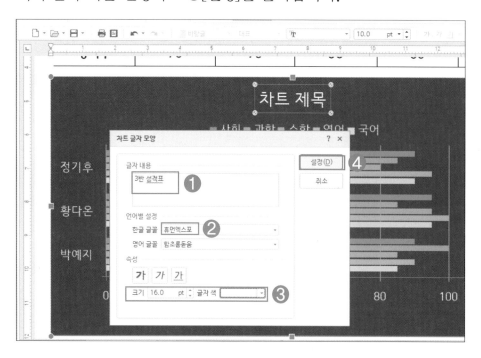

03 차트 안의 축 **❶**제목을 클릭한 후 마우스 오른쪽 버튼을 클릭하여 바로가기 메뉴가 나타면 **❷**[지우기]를 선택합니다.

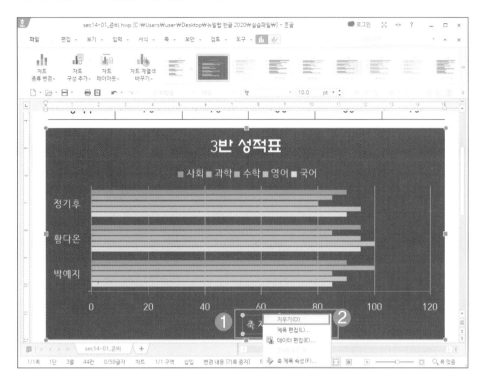

• **차트 데이터 변경하기** •

01 차트 안의 **❶**임의의 곳에서 마우스 오른쪽 버튼을 클릭하여 **❷**[데이터 편집]을 클릭합니다.

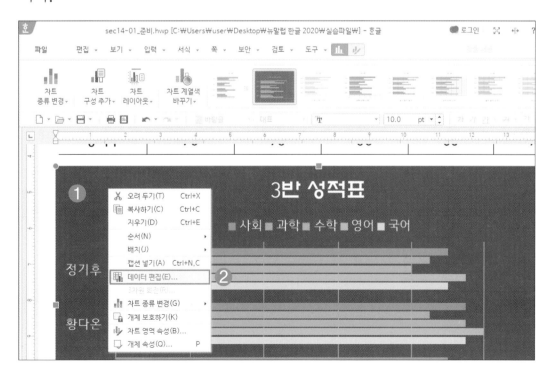

02 [차트 데이터 편집] 대화상자에서 ❶박예지의 과학 점수인 '100'을 클릭합니다.

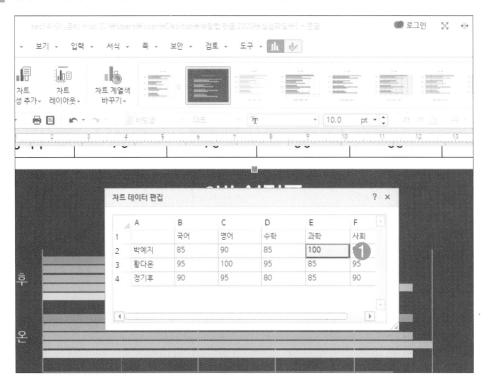

03 ❶박예지의 과학 점수를 '80'을 입력하여 변경하고 ❷[닫기]를 클릭합니다.

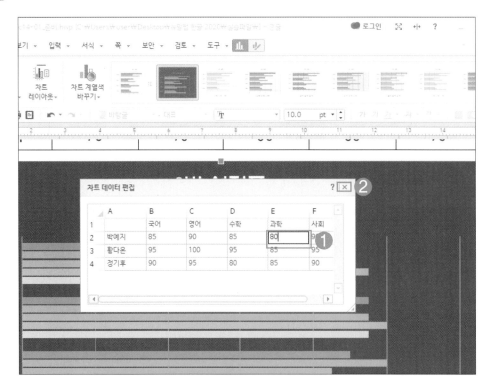

01 준비파일을 불러와 데이터 표를 이용하여 차트를 만들어 보세요.

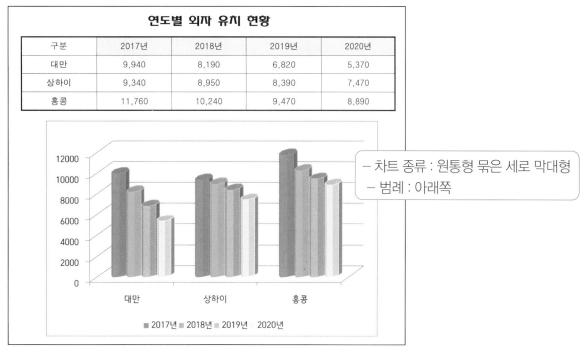

연도별 외자 유치 현황

구분	2017년	2018년	2019년	2020년
대만	9,940	8,190	6,820	5,370
상하이	9,340	8,950	8,390	7,470
홍콩	11,760	10,240	9,470	8,890

- 차트 종류 : 원통형 묶은 세로 막대형
- 범례 : 아래쪽

▲ 준비파일 : test_14_1_준비.hwp / 완성파일 : test_14_1_완성.hwp

02 준비파일을 불러와 데이터 표를 이용하여 차트를 만들어 보세요.

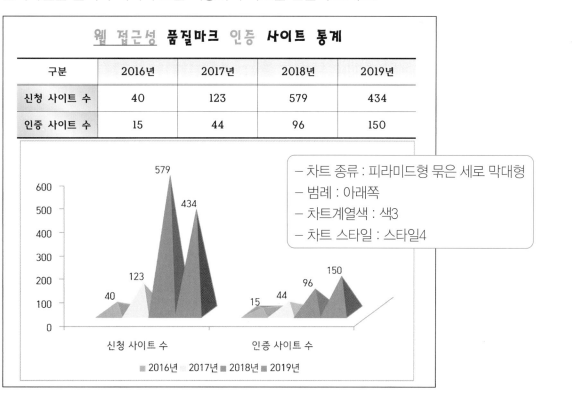

웹 접근성 품질마크 인증 사이트 통계

구분	2016년	2017년	2018년	2019년
신청 사이트 수	40	123	579	434
인증 사이트 수	15	44	96	150

- 차트 종류 : 피라미드형 묶은 세로 막대형
- 범례 : 아래쪽
- 차트계열색 : 색3
- 차트 스타일 : 스타일4

▲ 준비파일 : test_14_2_준비.hwp / 완성파일 : test_14_2_완성.hwp

15 차트로 매출 현황 비교하기

SECTION

차트는 주어진 자료의 변화를 한눈에 알아보기 쉽게 그래프 형식으로 제공합니다. 만들어진 표 전체를 선택하거나 일부분만 셀 블록으로 설정하여 차트를 만들 수 있습니다. 표를 차트로 만들고 차트의 데이터를 변경하는 방법을 알아봅니다.

PREVIEW

브랜드 관련 서적 출시 현황(단위 : 천원)

구분	2018년	2019년	2020년	합계
브랜드 마케팅	182	201	239	622
브랜드 매니저	120	173	198	491
브랜드 파워	163	186	215	564
브랜드 컨설팅	159	181	207	547

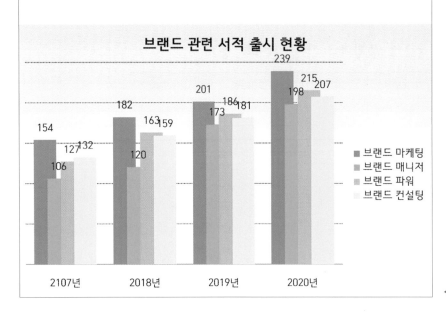

◀ 완성파일 : sec15-1_완성.hwp

학습내용

실습 01 차트 줄/칸 전환하기

실습 02 차트 데이터 삭제/추가하기

실습 03 차트 영역 속성 변경하기

체크포인트

● 차트의 줄과 칸을 전환하는 방법을 알아봅니다.

● 차트의 데이터를 수정하는 방법을 알아봅니다.

● 차트 영역의 속성을 변경하는 방법을 알아봅니다.

차트 줄/칸 전환하기

• 차트 합계 계산하기 •

▼ 준비파일 : sec15-1_준비.hwp

01 준비파일을 불러와 ❶합계를 계산할 영역을 블록으로 지정합니다.

02 ❶[표 레이아웃] 탭(▦▾)에서 ▼를 클릭하여 ❷[블록 계산식]의 [블록 합계]를 클릭하면 합계가 자동으로 계산됩니다.

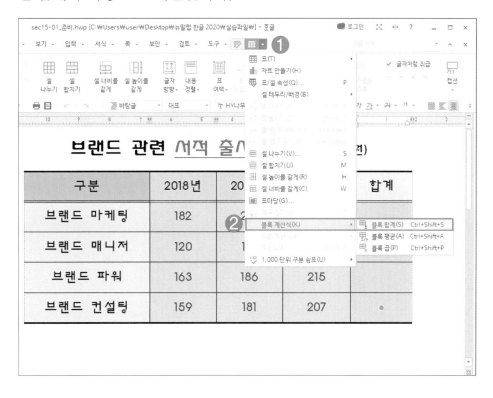

· 차트 삽입하기 ·

01 ❶표 전체를 블록 지정하고 ❶[표 디자인] 탭(▣)의 ❷[차트 만들기]를 클릭합니다.

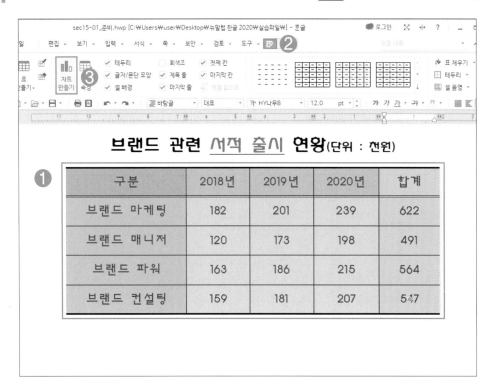

02 [차트 데이터 편집] 대화상자가 나타나면 [닫기]를 클릭하고 표의 크기를 조절합니다.

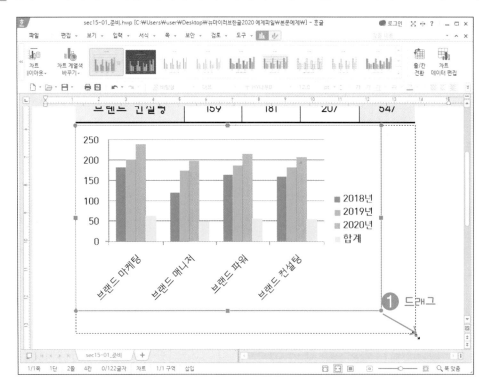

• 차트 줄/칸 전환하기 •

01 ❶차트를 클릭한 후 ❷[차트 디자인] 탭(📊)에서 ❸[줄/칸 전환]을 클릭합니다.

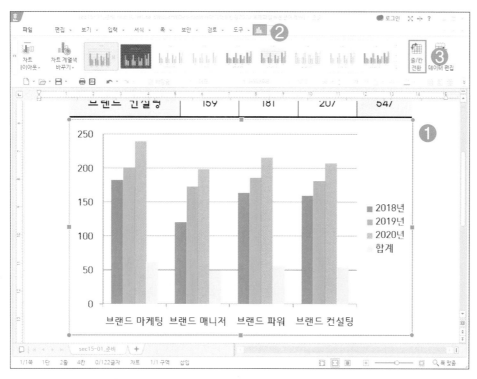

02 가로축과 세로축이 전환되면서 그래프의 모양이 변경됩니다.

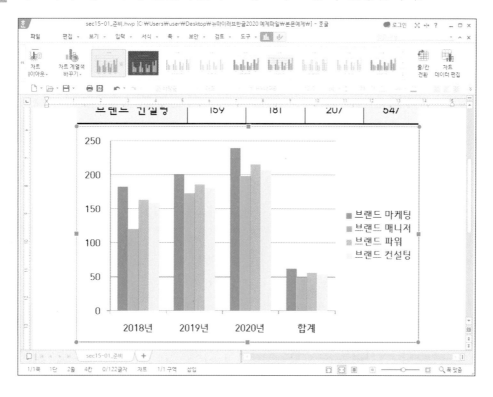

175

차트 데이터 삭제/추가하기

• 차트 데이터 삭제하기 •

01 차트 데이터를 수정하기 위하여 ❶차트를 클릭한 후 ❷[차트 디자인] 탭(📊)의 ❸[차트 데이터 편집]을 클릭합니다.

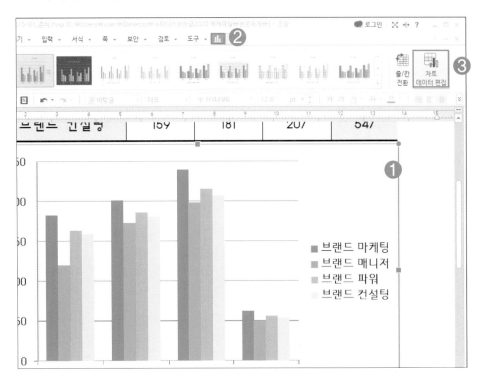

02 [차트 데이터 편집] 대화상자에서 '합계'를 삭제하기 위해 ❶5번 줄 맨 앞에서 마우스 오른쪽 버튼을 클릭하여 ❷[지우기]를 선택합니다.

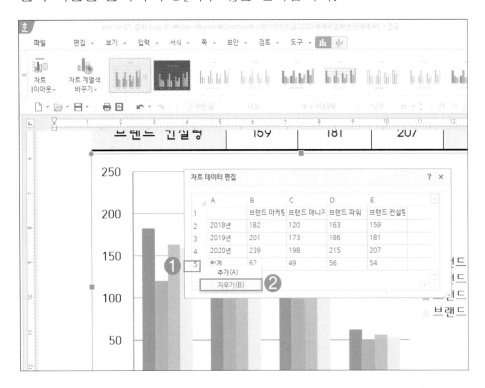

• 차트 데이터 추가하기 •

01 데이터를 추가하기 위해 ❶2번 줄에서 마우스 오른쪽 버튼을 클릭하여 ❷[추가]를 선택합니다.

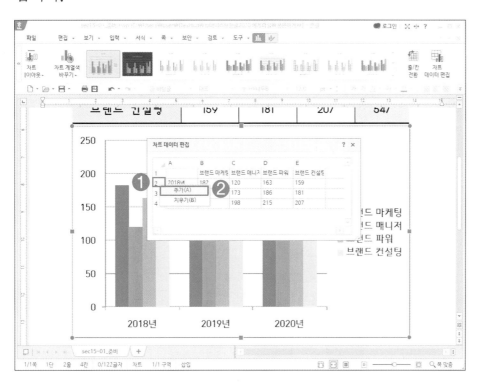

02 항목 4가 추가됩니다. 추가된 줄에 ❶다음과 같이 데이터를 입력하고 ❷[닫기]를 클릭합니다.

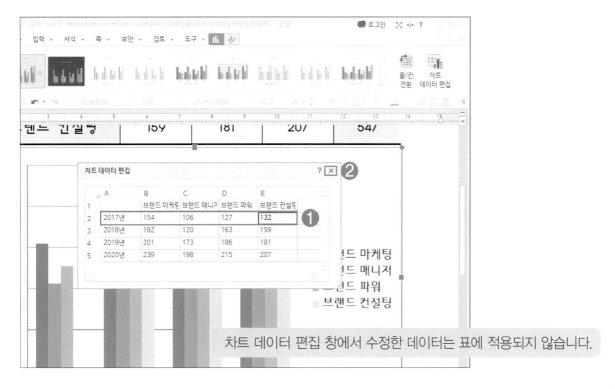

차트 데이터 편집 창에서 수정한 데이터는 표에 적용되지 않습니다.

실습 03 차트 영역 속성 변경하기

• 차트 레이아웃 변경하기 •

01 ❶차트를 클릭하고 [차트 디자인] 탭(▦)의 ❷'차트 레이아웃'의 ▼을 클릭하여 목록에서 ❸'레이아웃10'을 선택합니다.

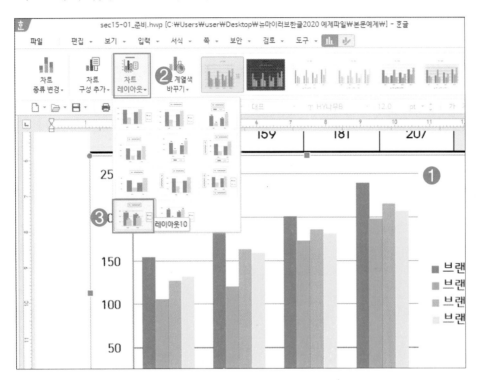

02 세로축을 삭제하기 위해 차트를 클릭하고 다시 ❶세로축을 클릭합니다. 마우스 오른쪽 버튼을 클릭하여 ❷[지우기]를 클릭합니다.

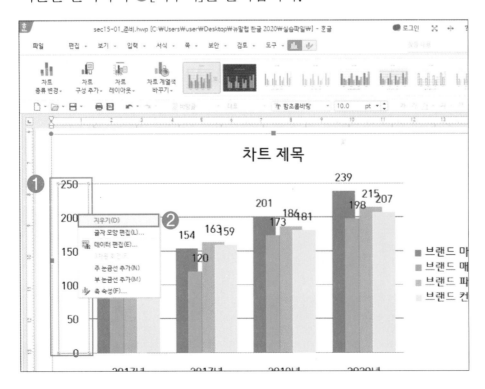

03 차트의 제목을 변경하기 위해 차트를 선택하고 ❶'차트 제목'을 클릭한 다음, 마우스 오른쪽 버튼을 클릭하여 ❷[제목 편집]을 선택합니다.

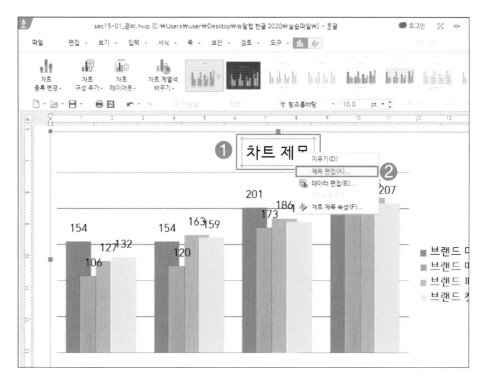

04 [차트 글자 모양] 대화상자에서 ❶글자 내용에 '브랜드 관련 서적 출시 현황'이라고 입력합니다. ❷속성 항목에서 '진하게'를 선택한 후 ❸[설정]을 클릭합니다.

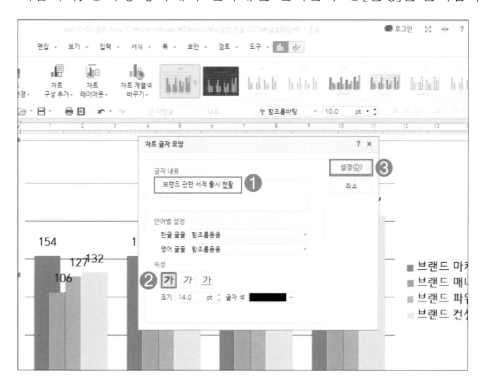

• 차트 영역 속성 변경하기 •

01 ❶차트를 클릭하고 차트 안의 임의의 곳에서 마우스 오른쪽 버튼을 클릭하여 ❷[차트 영역 속성]을 선택하거나 더블클릭합니다.

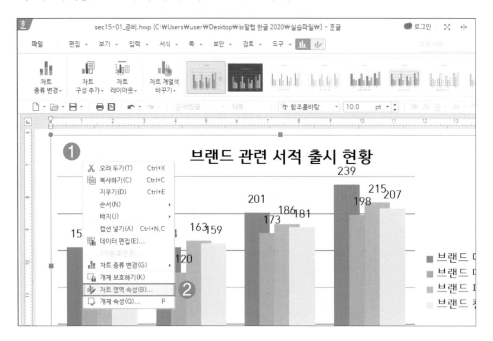

02 화면 오른쪽에 '개체 속성' 창이 나타나면 '채우기'를 클릭하여 ❶'그러데이션'을 선택합니다. ❷종류는 '선형', ❸방향은 '선형-위쪽에서'를 선택하고 ❹색은 '초록 80% 밝게'를 클릭합니다.

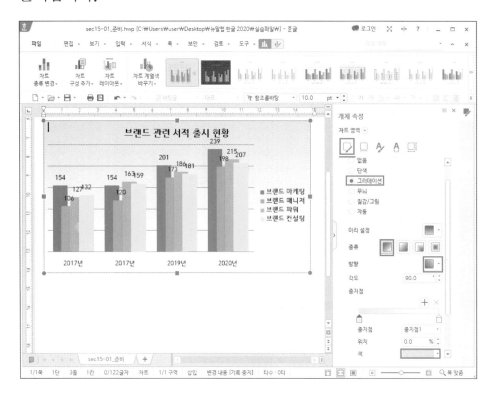

03 ❶차트를 클릭하고 차트 안의 눈금선을 선택하고 마우스 오른쪽 버튼을 클릭하여 ❷ [차트 영역 속성]을 선택하거나 더블클릭합니다.

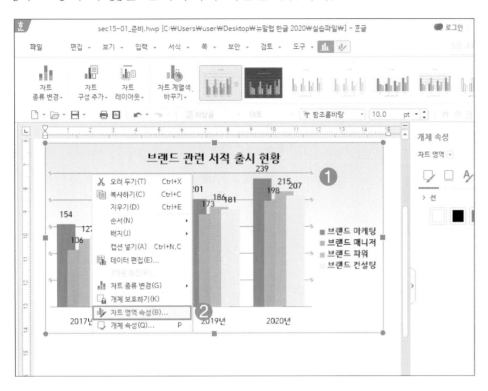

04 화면 오른쪽에 '개체 속성' 창이 나타나면 ❶선에서 '단색'을 선택합니다. ❷색은 '검정', ❸선 종류는 '점선'을 선택합니다.

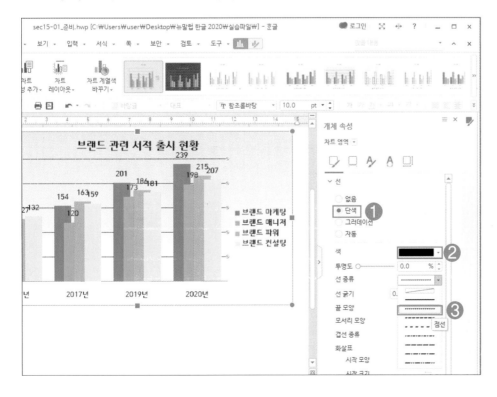

181

05 차트의 테두리를 삭제하기 위해 ❶차트를 클릭하고 차트 안을 더블클릭하면 '개체 속성' 창이 나타납니다.

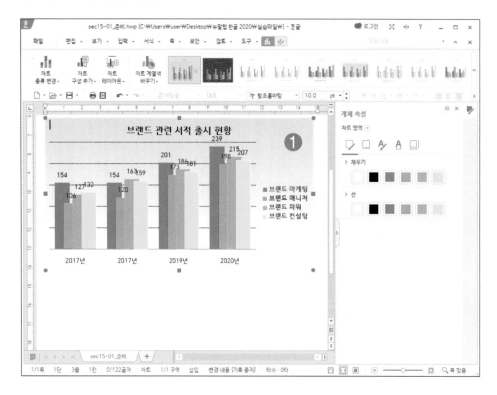

06 '개체 속성'의 ❶'선'에서 '없음'을 선택하고 창을 닫은 다음, 차트의 크기를 조절합니다.

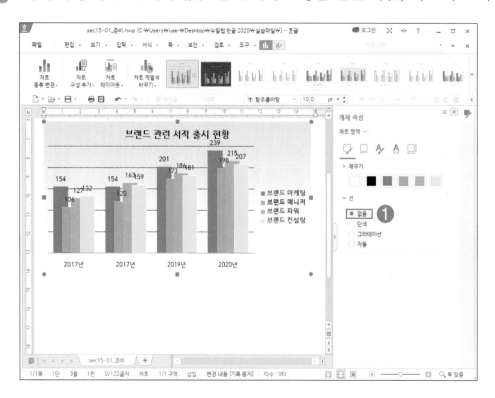

01 준비파일을 불러와 다음과 같이 데이터 표를 이용하여 차트를 만들어 보세요.

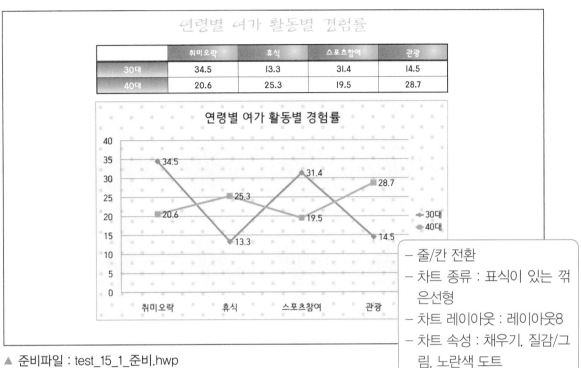

▲ 준비파일 : test_15_1_준비.hwp

　완성파일 : test_15_1_완성.hwp

- 줄/칸 전환
- 차트 종류 : 표식이 있는 꺾은선형
- 차트 레이아웃 : 레이아웃8
- 차트 속성 : 채우기, 질감/그림, 노란색 도트

02 준비파일을 불러와 다음과 같이 데이터 표를 이용하여 차트를 만들어 보세요.

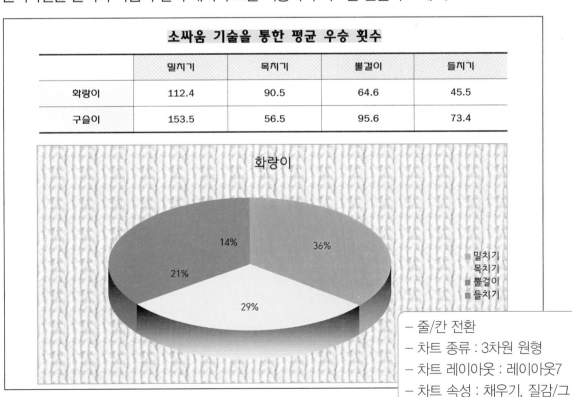

▲ 준비파일 : test_15_2_준비.hwp

　완성파일 : test_15_2_완성.hwp

- 줄/칸 전환
- 차트 종류 : 3차원 원형
- 차트 레이아웃 : 레이아웃7
- 차트 속성 : 채우기, 질감/그림, 흰색 겉뜨기 스웨터
- 차트 계열색 : 색상조합 색3

16
SECTION

책갈피 설정하고 하이퍼링크 연결하기

책갈피는 문서를 편집할 때 여러 곳에 표시를 해 두었다가 커서의 위치와 상관없이 표시해 둔 곳으로 커서의 위치를 이동하는 기능입니다. 또 본문과 연결하는 텍스트에 하이퍼링크를 설정하여 이동할 수도 있습니다. 책갈피를 이용하여 하이퍼링크를 설정하는 방법을 알아봅니다.

PREVIEW

◀ 완성파일 : sec16-1_완성.hwp

학습내용

실습 01 책갈피 지정하기

실습 02 책갈피에 하이퍼링크 설정하기

체크포인트

● 문서에 책갈피를 만드는 방법을 알아봅니다.

● 하이퍼링크를 설정하는 방법을 알아봅니다.

책갈피 지정하기

▼ 준비파일 : sec16-1_준비.hwp

· 책갈피 설정하기 ·

01 본문에서 첫 번째 제목에 책갈피를 지정하기 위해 ②'이웃집' 앞으로 커서를 이동합니다. ③[입력] 탭의 ▼를 클릭하여 ④[책갈피]를 선택합니다.

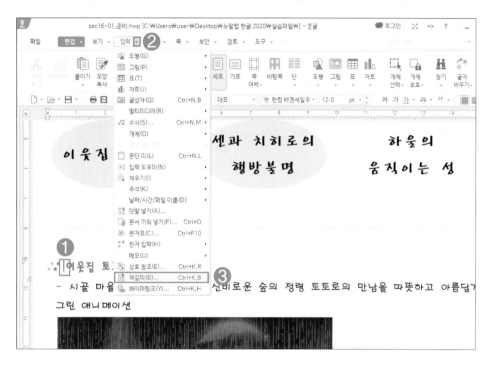

02 [책갈피] 대화상자에서 책갈피 이름에 ①'이웃집 토토로(1988)'가 자동으로 입력되면 ② [넣기]를 클릭합니다.

03 이번에는 본문의 두 번째 제목에 책갈피를 지정하기 위해 ❶'센과' 앞에 커서를 이동합니다. ❷[입력] 탭의 ❸[책갈피]를 클릭합니다.

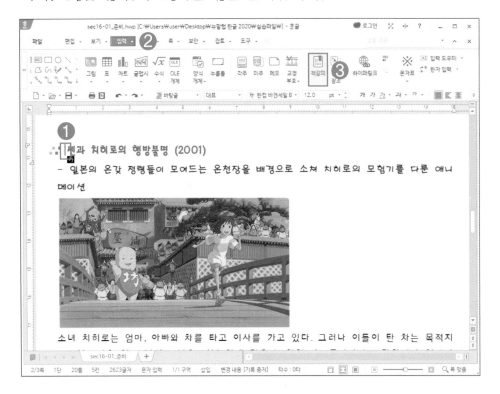

04 [책갈피] 대화상자에서 책갈피 이름에 ❶'센과 치히로의 행방불명(2001)'이 자동으로 입력되면 ❷[넣기]를 클릭합니다. 같은 방법으로 세 번째 제목에 책갈피를 지정합니다.

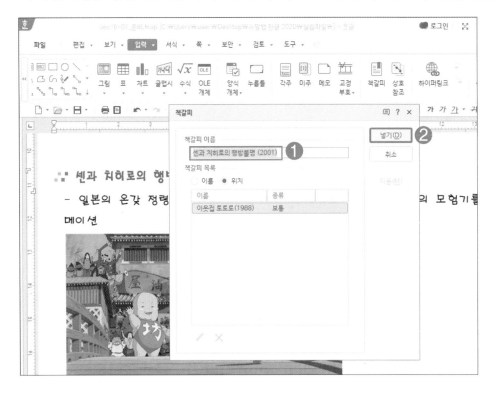

• 책갈피 이동하기 •

01 책갈피가 제대로 연결되었는지 확인하기 위해 ❶[입력] 탭의 ❷[책갈피]를 클릭합니다.
[책갈피] 대화상자에서 ❸책갈피 목록 중에 하나를 선택하고 ❹[이동]을 클릭합니다.

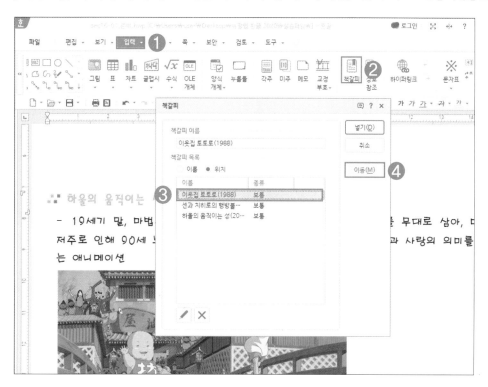

02 커서가 이동하여 책갈피로 지정한 제목으로 이동합니다.

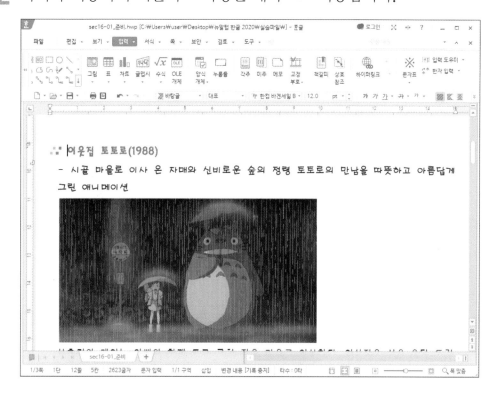

책갈피에 하이퍼링크 설정하기

• 책갈피 설정하기 •

01 하이퍼링크를 연결하기 위해 영화 소제목인 ❶'센과 치히로의 행방불명'을 블록으로 지정합니다. ❷[입력] 탭의 ❸[하이퍼링크]를 클릭합니다.

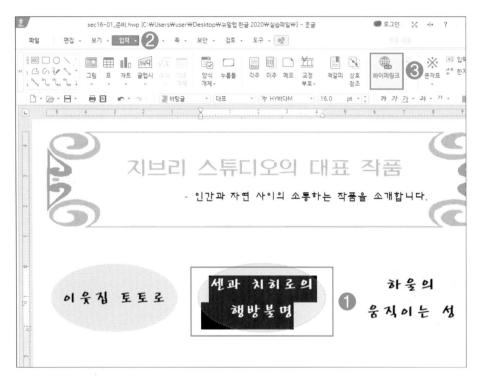

02 [하이퍼링크] 대화상자에서 ❶'연결 대상'에서 [한글 문서] 탭을 클릭하면 목록 창이 나타납니다. ❷[현재 문서]의 책갈피에서 '센과 치히로의 행방불명(2001)'을 선택하고 ❸[넣기]를 클릭합니다.

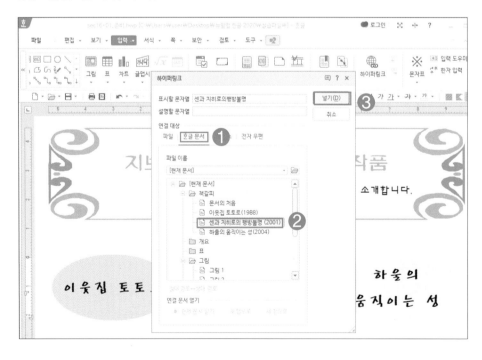

03 하이퍼링크가 연결되면 블록 지정한 텍스트가 파란색으로 바뀝니다. 바뀐 텍스트에 마우스 포인터를 올려놓으면 손모양으로 변경되고, 글자를 클릭하면 책갈피로 설정한 '센과 치히로의 행방불명 (2001)'로 이동합니다.

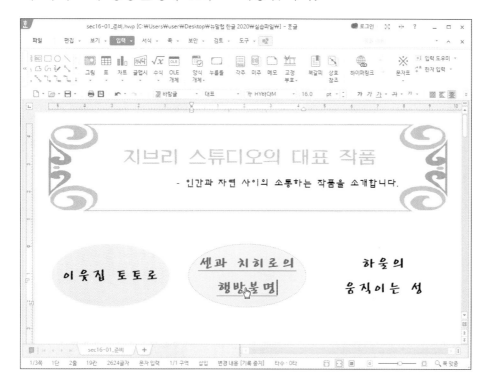

04 영화 소제목인 ❶'하울의 움직이는 성'도 블록으로 지정하고 ❷[입력] 탭의 ❸[하이퍼링크]를 클릭합니다.

05 [하이퍼링크] 대화상자에서 '연결 대상'에서 ❶[한글 문서] 탭을 클릭하면 목록 창이 나타납니다. [현재 문서]의 책갈피에서 ❷'하울의 움직이는 성(2004)'을 선택하고 ❸[넣기]를 클릭합니다.

06 같은 방법으로 '이웃집 토토로'도 하이퍼링크로 연결하여 완성합니다.

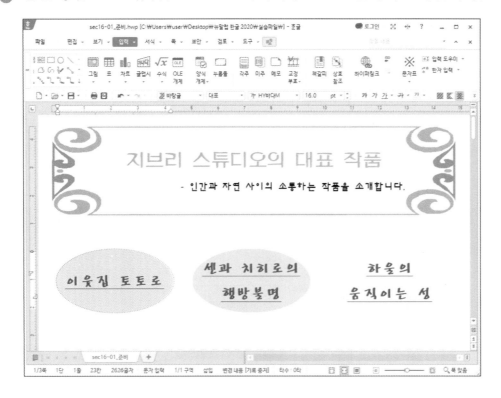

문제 풀어보기

01   준비파일에서 본문의 각 항목에 책갈피를 설정해 보세요.

◀ 준비파일 : test_16_1_준비.hwp
완성파일 : test_16_1_완성.hwp

02   1번에서 완성한 파일서 다음과 같이 각 항목에 하이퍼링크를 연결해 보세요.

◀ 준비파일 : test_16_2_준비.hwp
완성파일 : test_16_2_완성.hwp

17
SECTION

문단 번호 지정하고 차례 만들기

본문에서 글의 제목이나 표 제목, 그림 이름 등을 문서의 맨 앞에 모아 쪽 번호 넣기를 이용해 차례를 쉽게 만들 수 있습니다. 여기에서는 각 문단의 제목에 문단 번호를 지정하고 문단의 제목을 맨 앞에서 모아서 차례를 만들어 보겠습니다.

PREVIEW

춤의 종류

I. 스윙 댄스(Swing dance)
음악으로서의 스윙은 재즈의 한 종류이긴 하나, 스윙 댄스는 스윙 재즈 음악 보다 먼저 형성된 장르이다. 현대에도 재즈 댄스와 스윙 댄스를 분리해서 다루는 경향이 크다. 찰스턴, 부기우기, 캐롤라이나 샥 등이 대표적. 라틴 댄스와 혼합된 자이브도 스윙 댄스의 일종이다.

1.1. 자이브
라틴아메리카댄스(Latin America dance) 중 하나로 미국 흑인들 사이에서 시작되어 1939년 무렵부터 크게 유행했다. '아메리칸 스윙(american swing)'으로 불리기도 한다. 자이브는 한마디로 재즈 음악에 맞춰 추는 격렬하면서도 선정적인 춤이라고 할 수 있다.

[출처 : https://m.blog.naver.com/jegal9311/222022264197]

2. 라틴 댄스(Latin dance)
라틴 아메리카에서 발달한 사교 춤, 민속 춤들을 묶은 장르. 차차차, 룸바, 삼바, 탱고 등 유명한 춤들을 포함한다.

2.1. 차차차
쿠바의 무곡(舞曲)인 단손(danzón)이 개조되어 생겨난 것으로, 1950년대 중반부터 미국을 시작으로 세계적인 인기를 끌었다. 차차차는 이름만큼 리듬도 이해하기 쉽다. 이 댄스는 봉고(bongo)와 마라카스(maracas)의 독특한 비트에서 그 명칭의 유래가 짐작된다.

2.2. 룸바
쿠바의 전통적인 춤으로, 그 음악은 타악기와 코러스만으로 연주되며 폴리리듬(polyrhythm)을 가질 만큼 리듬이 복잡하다. 1930년 무렵부터 미국과 유럽 각지로 전파되어 새로운 사교 춤으로 유행했다.

2.3. 삼바
브라질 흑인계 주민들이 즐기기 시작한 춤 또는 그 춤곡을 말한다. 매우 빠르고 정열적인 특

▲ 완성파일 : sec17-1_완성.hwp

학습내용

실습 01 문단 번호 지정하기

실습 02 문단 번호 수준 정하기

실습 03 차례 만들기

체크포인트

● 문단 번호를 지정하는 방법을 알아봅니다.

● 문단 번호 수준을 정하는 방법을 알아봅니다.

● 문단 번호를 이용하여 차례를 만드는 방법을 알아봅니다.

실습 01

문단 번호 지정하기

▼ 준비파일 : sec17-1_준비.hwp

• 문단 번호 지정하기 •

01 준비파일을 불러와 본문의 각 제목에 문단 번호를 지정하기 위해 첫 번째 문단 제목인 ❶'스윙 댄스' 앞에 커서를 위치시킨 후 ❷[서식] 탭의 ▼를 클릭하여 ❸[문단 번호 적용/해제]를 선택합니다.

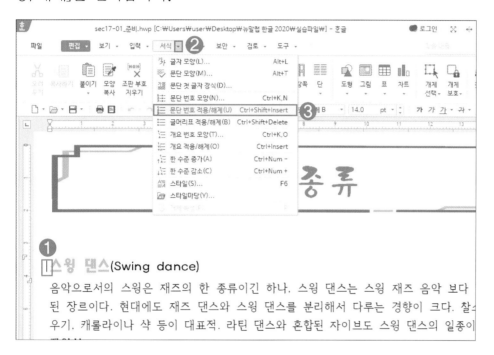

02 지정된 문단의 모양을 변경하기 위해서 ❶[서식] 탭의 ▼를 클릭하여 ❷[문단 번호 모양]을 선택합니다.

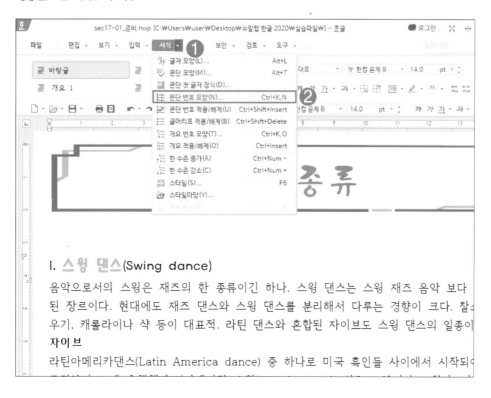

03 [글머리표 및 문단 번호] 대화상자에서 ❶원하는 문단 모양을 선택하고 ❷[설정]을 클릭합니다.

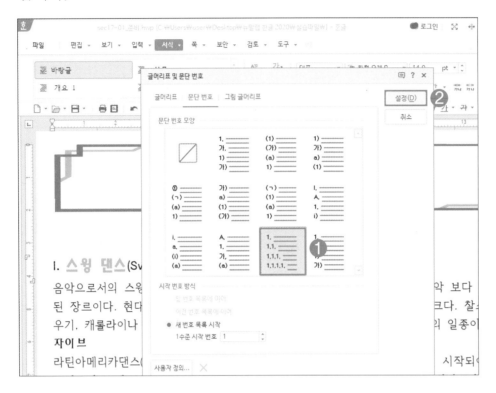

04 두 번째 문단의 '라틴 댄스'와 세 번째 문단의 '스트릿 댄스', 네 번째의 '탭 댄스', 다섯 번째의 '포고' 제목에도 [서식-[문단 번호 적용/해제] 메뉴로 문단 번호를 지정합니다.

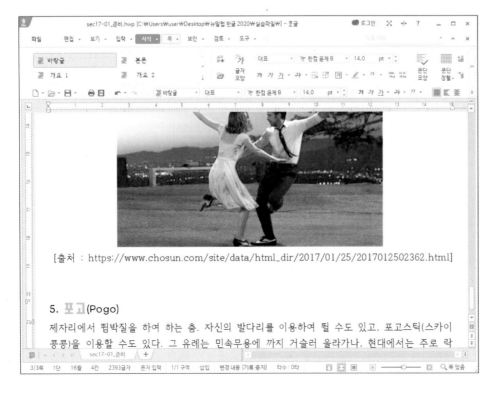

문단 번호 수준 정하기

· 문단 번호 수준 지정하기 ·

01 소제목의 문단 번호를 지정하기 위해 첫 번째 문단의 소제목인 ❶'자이브' 앞에 커서를 위치시킨 후 ❷[서식] 탭의 ❸[문단 번호 적용/해제]를 클릭합니다.

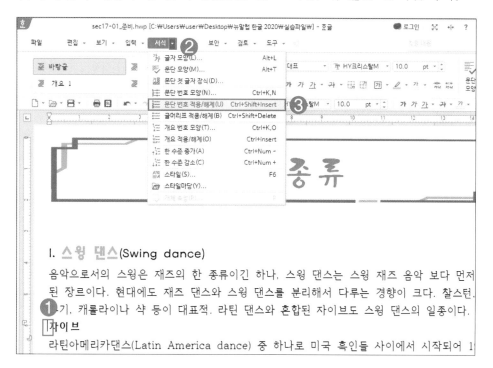

02 이 때 '2.'가 나타나면 ┌Ctrl┐+┌+┐를 한 번 눌러 한 수준 감소된 문단 번호인 1.1로 지정합니다.

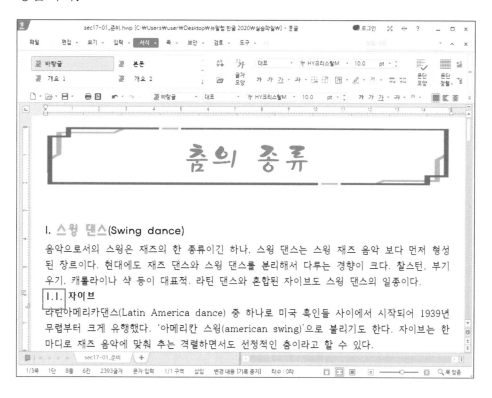

03 두 번째 문단의 소제목인 ❶'차차차' 앞에 커서를 위치시킨 후 ❷[서식] 탭의 ❸[문단 번호 적용/해제]를 클릭합니다.

04 '3.'이 나타나면 Ctrl + + 를 한 번 눌러 한 수준 감소된 문단 번호인 2.1로 지정합니다. 같은 방법으로 세 번째 문단의 모든 소제목을 한 수준 감소된 문단 번호로 지정합니다.

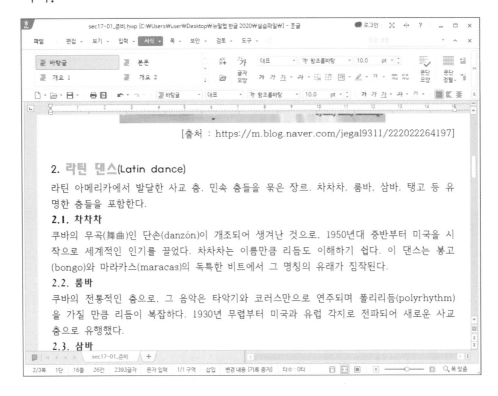

· 제목 차례 표시하기 ·

01 ❶'1.스윙 댄스' 앞에 커서를 위치시킨 후 ❷[도구] 탭의 ❸[제목 차례]를 클릭하고 ❹[제목 차례 표시]를 클릭합니다. '1.1. 자이브'도 [제목 차례 표시]를 적용합니다.

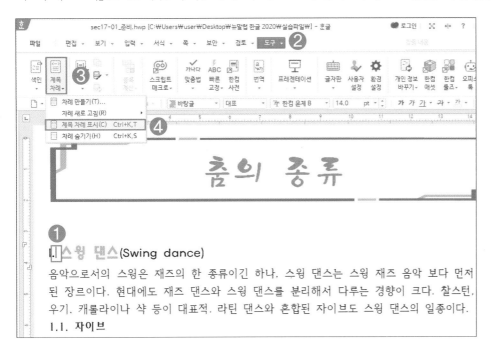

02 두 번째 문단 제목인 ❶'2. 라틴 댄스' 앞에 커서를 위치시킨 후 단축키인 Ctrl + K ,T를 누릅니다. 같은 방법으로 각 문단의 큰 제목과 소 제목들 앞에 제목 차례를 표시합니다.

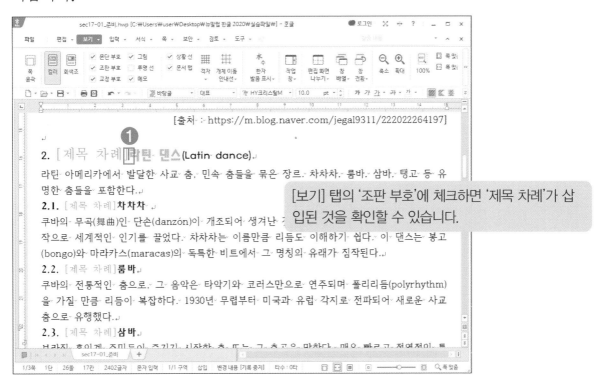

[보기] 탭의 '조판 부호'에 체크하면 '제목 차례'가 삽입된 것을 확인할 수 있습니다.

· 본문 차례 만들기 ·

01 본문 차례를 맨 앞에 만들기 위해 커서를 맨 앞으로 이동시킨 후 Enter 를 누릅니다. ❶[도구] 탭의 ❷[제목 차례]를 클릭하고 ❸[차례 만들기]를 선택합니다.

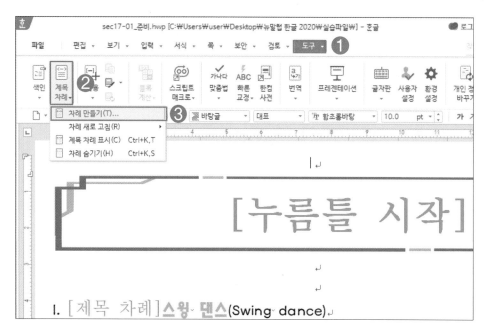

02 [차례 만들기] 대화상자에서 ❶차례 형식은 '필드로 넣기', 만들 차례는 '제목 차례', '차례 코드로 모으기'에 체크하고 표와 그림, 수식 차례는 체크를 해제합니다. 기타의 만들 위치는 ▼를 눌러 ❷'현재 문서의 새 구역'을 선택하고 ❸[만들기]를 클릭하면 첫 페이지에 〈제목 차례〉가 나타납니다.

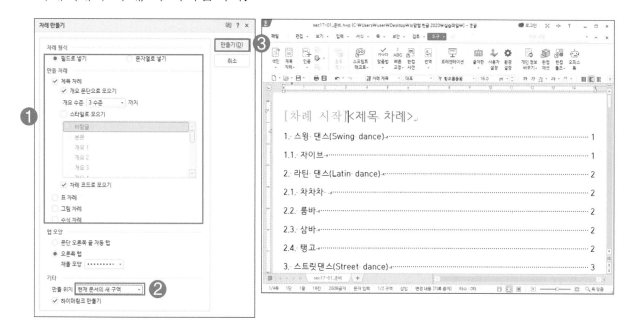

문제 풀어보기

01

준비파일을 불러와 다음과 같이 문단 번호를 지정하고 첫 페이지에 차례를 만들어 보세요.

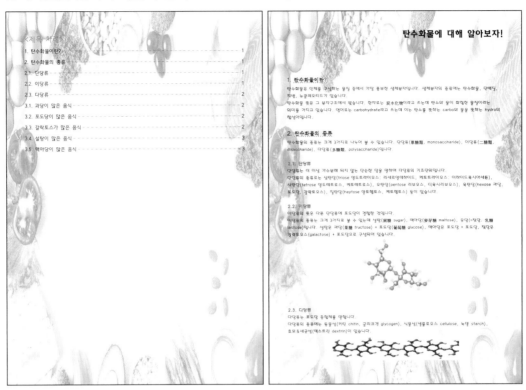

▲ 준비파일 : test_17_1_준비.hwp / 완성파일 : test_17_1_완성.hwp

02

준비파일을 불러와 다음과 같이 문단 번호를 지정하고 페이지에 차례를 만들어 보세요.

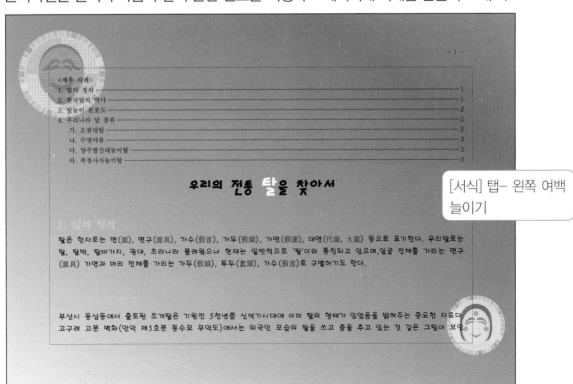

[서식] 탭- 왼쪽 여백 늘이기

▲ 준비파일 : test_17_2_준비.hwp / 완성파일 : test_17_2_완성.hwp

18 메일 머지 만들기

SECTION

메일 머지는 여러 사람에게 똑같은 내용의 편지 또는 안내장 등을 보내야 하는 경우 내용을 기록한 파일과 주소 파일을 하나의 문서로 연결하여 출력하는 기능입니다. 내용은 같지만 받는 사람의 명단이 여러 명이라면 명단 목록만 만들어 출력할 수 있는 메일 머지 방법을 알아봅니다.

PREVIEW

▲ 완성파일 : sec18-1_완성.hwp

학습내용	체크포인트
실습 01 메일 머지 표시 달기	● 메일 머지에 표시를 다는 방법을 알아봅니다.
실습 02 메일 머지 명단 만들기	● 메일 머지 명단을 만드는 방법을 알아봅니다.
실습 03 메일 머지 만들기	

실습 01 메일 머지 표시 달기

▼ 준비파일 : sec18-1_준비.hwp

• 메일 머지 표시 달기 •

01 초대장에서 기수와 이름을 메일 머지 기능으로 입력하기 위해 ❶'기' 앞에 마우스 커서를 위치시킵니다.

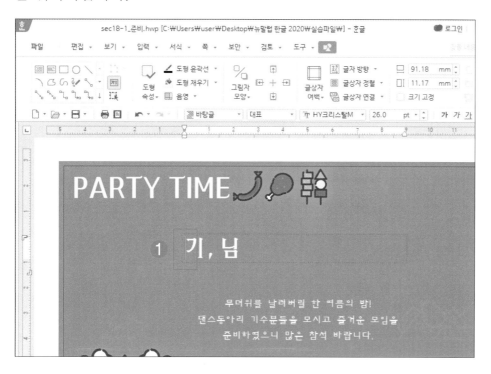

02 메일 머지 표시를 달기 위해 ❶[도구] 탭의 ▼을 클릭하여 ❷[메일 머지]의 ❸[메일 머지 표시 달기]를 클릭합니다.

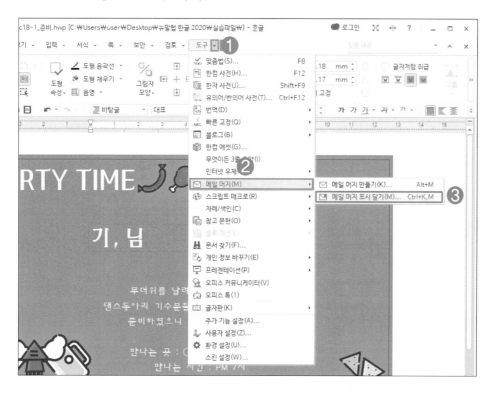

03 [메일 머지 표시 달기] 대화상자에서 ❶[필드 만들기] 탭을 클릭하고 ❷필드 번호에 '1'을 입력하고 ❸[넣기]를 클릭합니다.

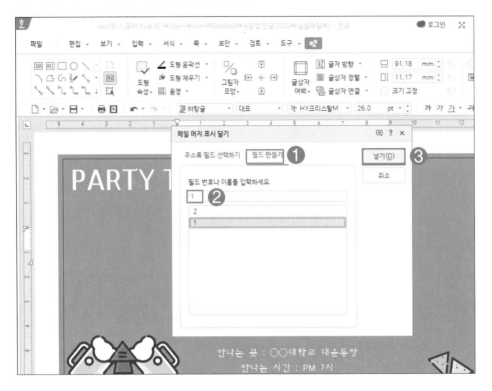

04 ❶'님' 앞에 마우스 커서를 위치시키고 ❷[도구] 탭의 ▼을 클릭하여 ❸[메일 머지]의 ❹ [메일 머지 표시 달기]를 클릭합니다.

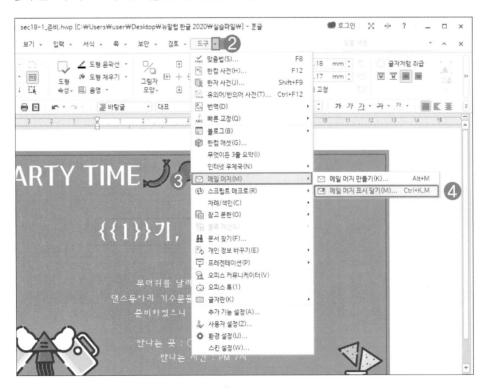

05 [메일 머지 표시 달기] 대화상자에서 ❶[필드 만들기] 탭을 클릭하고 ❷필드 번호에 '2' 를 입력하고 ❸[넣기]를 클릭합니다.

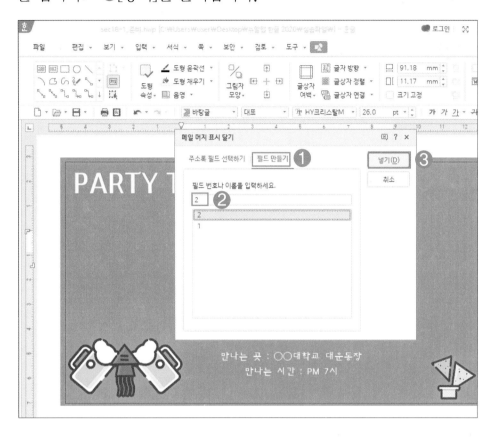

06 두 개의 필드가 삽입되었습니다.

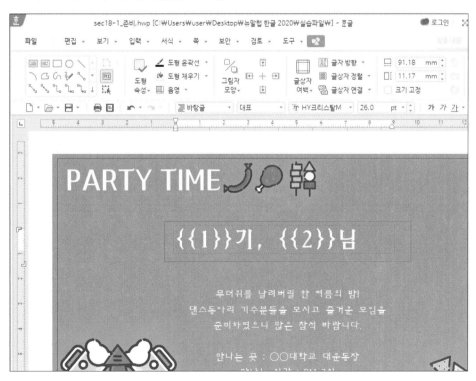

• 명단 만들기 •

01 한글 2020 새 문서를 불러옵니다. 첫 줄에 필드의 항목 수 '2' 입력합니다. 두 번째 줄은 '기수' 항목으로 '10', 세 번째 줄은 '이름' 항목으로 '박기준'을 입력합니다.

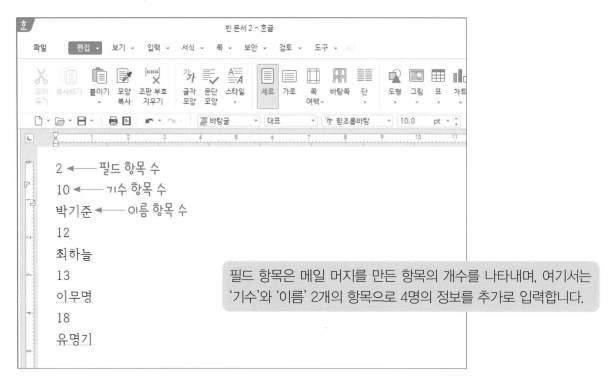

필드 항목은 메일 머지를 만든 항목의 개수를 나타내며, 여기서는 '기수'와 '이름' 2개의 항목으로 4명의 정보를 추가로 입력합니다.

02 입력이 끝나면 [파일] 탭의 [다른 이름으로 저장]을 클릭하고 'sec18-1_명단'으로 저장합니다.

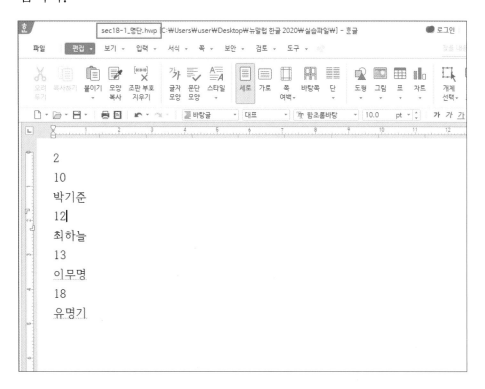

메일 머지 만들기

• 메일 머지 만들기 •

01 'sec18-1_준비.hwp' 파일에서 ❶[도구] 탭의 ▼를 클릭하고 ❷[메일 머지]의 [메일 머지 만들기]를 클릭합니다.

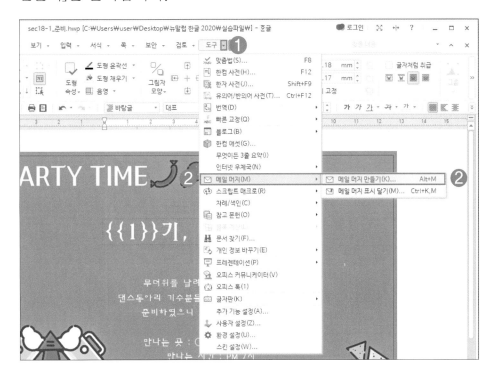

02 [메일 머지 만들기] 대화상자에서 자료 종류는 ❶'한글파일', 파일 선택 파일을 클릭하여 저장한 'sec18-1_명단.hwp'을 선택하고 ❷출력 방향은 '화면'으로 선택하고 ❸[만들기]를 클릭합니다.

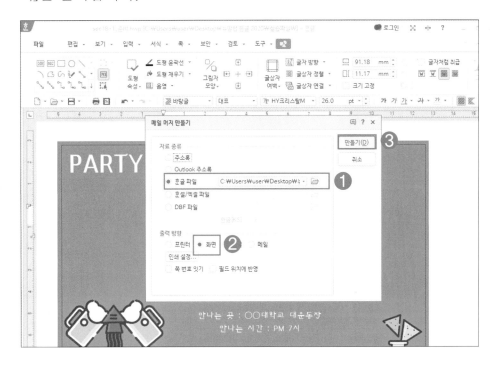

03 미리 보기 창에서 ❶'쪽 보기'를 클릭하여 ❷'여러 쪽'의 ❸2×2를 클릭합니다.

04 메일 머지가 완성되었습니다.

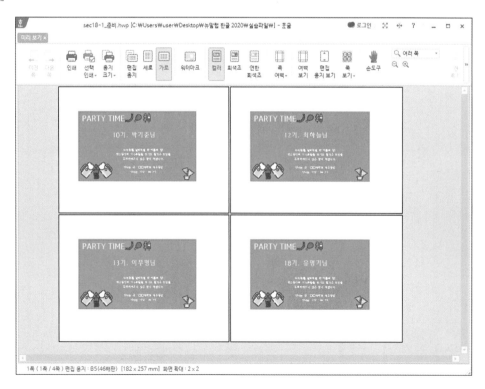

01 준비파일을 불러와 다음과 같이 필드 항목이 2개인 엽서를 메일 머지로 만들어 보세요.

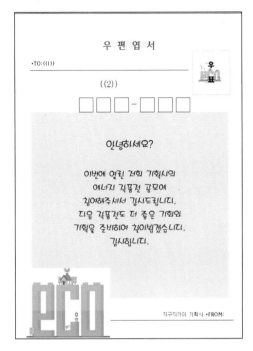

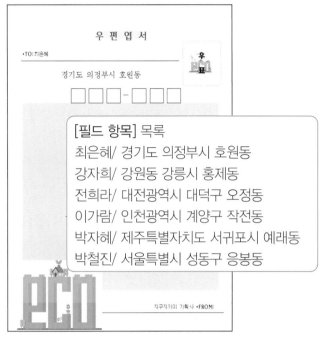

[필드 항목] 목록
최은혜/ 경기도 의정부시 호원동
강자희/ 강원동 강릉시 홍제동
전희라/ 대전광역시 대덕구 오정동
이가람/ 인천광역시 계양구 작전동
박자혜/ 제주특별자치도 서귀포시 예래동
박철진/ 서울특별시 성동구 응봉동

▲ 준비파일 : test_18_1_준비.hwp / 완성파일 : test_18_1_완성.hwp

02 준비파일을 불러와 다음과 같이 필드 항목이 5개인 보고서를 메일 머지로 만들어 보세요.

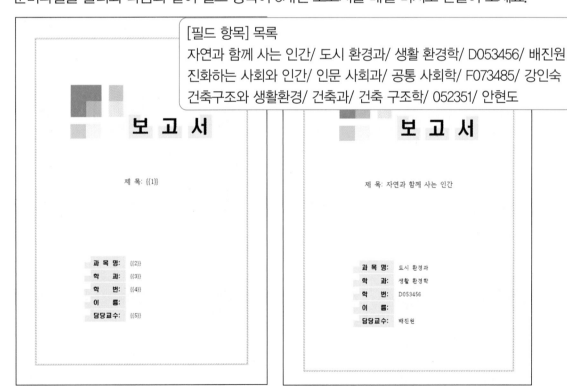

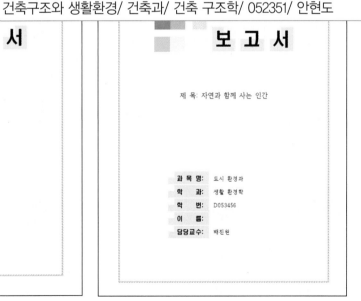

[필드 항목] 목록
자연과 함께 사는 인간/ 도시 환경과/ 생활 환경학/ D053456/ 배진원
진화하는 사회와 인간/ 인문 사회과/ 공통 사회학/ F073485/ 강인숙
건축구조와 생활환경/ 건축과/ 건축 구조학/ 052351/ 안현도

▲ 준비파일 : test_18_2_준비.hwp / 완성파일 : test_18_2_완성.hwp

New My Love 시리즈

한글 2020

2022년 1월 20일 초판 1쇄 발행
2024년 7월 30일 초판 2쇄 인쇄
2024년 8월 10일 초판 2쇄 발행

펴낸곳	(주) 교학사
펴낸이	양진오
주 소	(공장)서울특별시 금천구 가산디지털1로 42 (가산동)
	(사무소)서울특별시 마포구 마포대로14길 4 (공덕동)
전 화	02-707-5312(편집), 02-839-2505(주문)
문 의	itkyohak@naver.com
팩 스	02-839-2728(영업)
등 록	1962년 6월 26일 〈18-7〉

교학사 홈페이지 http://www.kyohak.co.kr

책을 만든 사람들

저 자/편 집 ㅣ 이승하
진 행 ㅣ 교학사 정보산업부
표 지 ㅣ 교학사 정보산업부